fácil

OLLIVIER POURRIOL

fácil

A ARTE FRANCESA DE TER SUCESSO SEM ESFORÇO

Tradução de
Alessandra Bonrruquer

1ª edição

EDITORA RECORD
RIO DE JANEIRO • SÃO PAULO

2021

CIP-BRASIL. CATALOGAÇÃO NA PUBLICAÇÃO
SINDICATO NACIONAL DOS EDITORES DE LIVROS, RJ

P894f

Pourriol, Ollivier, 1971-
 Fácil: a arte francesa de ter sucesso sem esforço / Ollivier Pourriol; tradução Alessandra Bonrruquer. – 1ª ed. – Rio de Janeiro: Record, 2021.

Tradução de: Facile: l'art français de réussir sans forcer
Inclui bibliografia
ISBN 978-85-01-11927-8

1. Filosofia francesa. 2. Estilo de vida. I. Bonrruquer, Alessandra. II. Título.

20-65180

CDD: 194
CDU: 1(44)

Camila Donis Hartmann – Bibliotecária – CRB-7/6472

Copyright © Éditions Michel Lafon, 2018, *Facile: l'art français de réussir sans forcer*

Título original em francês: Facile: l'art français de réussir sans forcer

Todos os direitos reservados. Proibida a reprodução, armazenamento ou transmissão de partes deste livro, através de quaisquer meios, sem prévia autorização por escrito.

Texto revisado segundo o novo Acordo Ortográfico da Língua Portuguesa.

Direitos exclusivos de publicação em língua portuguesa para o Brasil
adquiridos pela
EDITORA RECORD LTDA.
Rua Argentina, 171 – 20921-380 – Rio de Janeiro, RJ – Tel.: (21) 2585-2000, que se reserva a propriedade literária desta tradução.

Impresso no Brasil

ISBN 978-85-01-11927-8

Seja um leitor preferencial Record.
Cadastre-se em www.record.com.br e
receba informações sobre nossos lançamentos
e nossas promoções.

Atendimento e venda direta ao leitor:
sac@record.com.br

Sumário

Introdução 7
1. Continuar 11
2. Começar 21
3. A tentação das 10 mil horas 31
4. A experiência da graça 47
5. Encontrar a boa posição 61
6. A arte de deslizar 71
7. Deixar de refletir 81
8. Esperar sem expectativas 103
9. As leis secretas da atenção 123
10. A força dos sonhos 149

Para terminar 169

Agradecimentos 173

Bibliografia 175

Notas 179

Introdução

Este livro nasceu de uma conversa com Elsa, minha editora e amiga. Especifico que ela é minha amiga porque não estávamos trabalhando, mas jantando. Não se tratava de uma discussão profissional, da exposição de um projeto ou da negociação de um contrato, mas de uma conversa sem qualquer objetivo além de si mesma, durante uma refeição simples, em família, com uma boa garrafa de vinho. Já não sei de que falávamos. Possivelmente das crianças, que corriam por toda parte e que tentávamos colocar na cama, em um esforço vão de levá-las a fazer o que queríamos que fizessem. Talvez bastasse não nos preocuparmos mais com elas e esperar pela fadiga. Elas acabariam dormindo. Afinal, aquela era uma espécie de noite de festa, pois no dia seguinte não haveria aula — e que prazer maior para uma criança que o de adormecer no sofá, embalada pela conversa dos adultos? Dormir tarde e feliz gera belas memórias. "É verdade, você tem razão", disse Elsa. Afinal, por que lutar? Vamos pegar nossas taças de vinho.

Alguns minutos mais tarde, os pequenos dormiam tranquilamente, sem que tivéssemos feito o menor esforço ou sequer nos dado conta. "Finalmente", disse Elsa. "Até que foi fácil." E creio que foi aí que toquei no assunto. A facilidade é um assunto magnífico. Acreditamos que é preciso esforço para obter resultados, que é preciso sofrer para ser belo, e trabalhar para obter qualquer coisa, seja seduzir ou aprender a tocar piano, jogar tênis ou falar inglês. Até mesmo os psicólogos falam de trabalhar em si próprio, pois desde a infância nos ensinam que tudo deve ser merecido, que há uma justiça do esforço e que nada se consegue de graça. Mas estou convencido do contrário. Em certos casos, esforçar-se não é apenas inútil, mas até contraproducente. Sofrer jamais tornou alguém mais belo, por exemplo. A menos que se ame o sofrimento em si. A beleza supõe serenidade, tranquilidade, paz consigo mesmo. Não digo que todos os esforços sejam inúteis, mas há objetivos que só podem ser atingidos indiretamente. Quando renunciamos sinceramente à tentativa de atingi-los. Facilmente. Sem tê-los em vista. A sedução, por exemplo: existe algo menos sedutor que a tentativa de seduzir? Ela é estridente, direta, sem naturalidade ou imaginação. Quando tentamos, é certo que vamos fracassar — como se fracassássemos de antemão. Sentimos isso ao tentar agradar alguém: ficamos sem jeito porque tentamos não ficar. Inversamente, há algo mais sedutor que alguém que não tenta nos seduzir diretamente, mas se contenta em ser e fazer aquilo que ama? A sedução é conseguir sem tentar e sem tê-la em vista. Talvez devêssemos falar de charme. No fundo, a partida está decidida antes de começar. E sabemos disso. A química entre duas pessoas existe ou não. Então, por que ficarmos tímidos, paralisados pelo objetivo? Não há objetivo, não se trata de um alvo a atingir ou de uma montanha a escalar. Você não está sentindo cheiro de queimado? Falamos, falamos, e esquecemos de baixar o fogo sob as cebolas. Não faz mal, elas ficaram caramelizadas. Aqui, pegue esta tigela. Quando esquecemos uma panela no fogo e ela queima, com comida grudada no fundo, é melhor deixá-la de molho, e não esfregar como um condenado. Não digo que jamais seja preciso esfregar, mas é preciso saber não esfregar quando é inútil. Deixar o tempo passar não é renunciar ao trabalho, mas trabalhar melhor. Por exemplo, adoro livros de aeroporto, aqueles que compramos logo antes de viajar e lemos entre uma espiada e outra pela janela do avião. Livros que lemos de soslaio, mas que mudam nossa maneira de ver e de agir, sem que nos demos conta. Não se trata de filosofia, jornalismo ou desenvolvimento pessoal, mas do jornalismo de ideias *à la* Malcolm Gladwell, o jornalista da *New Yorker* que se interessa por uma ideia, pesquisa como ela modificou a vida de certas pessoas e escreve um artigo ou livro. Se fosse escrever um livro de aeroporto, eu escreveria sobre a facilidade.

Elsa pousou sua taça. Seu rosto tinha aquela curiosa expressão de editora: "Quando vamos publicar?" Este livro nasceu naquela noite, de uma conversa sem objetivo, durante um jantar amigável. Ele nasceu de soslaio, de modo adequado a seu tema: facilmente. Não se tratava de um projeto e não havia nenhum esforço a fazer, nenhuma intenção preliminar, ninguém a convencer, nada de negociação. Somente uma evidência. E, hoje, este é o livro que você tem em mãos. Espero que ele atinja seu objetivo do mesmo modo que nasceu: sem ter a intenção. E que você encontre nestas páginas a naturalidade da conversa que o inspirou.

– 1 –

Continuar

De certa maneira, minha vida ainda não começou.
Alberto Giacometti

Nada é mais difícil que começar. Por onde iniciar as coisas? Em que ordem? Quando conversamos com alguém, com um copo na mão, não nos fazemos tantas perguntas. Dizemos o que temos a dizer, pouco importando a ordem. A conversa já começou, só é preciso levá-la em frente. Mas, quando escrevemos, os problemas começam. Ou melhor, *o* problema: começar. Para ser franco, escrevi este trecho inicial não sei quantas vezes. E, a cada vez, recomecei. Você conhece a história de Orfeu, o músico que desceu ao inferno para recuperar a esposa, Eurídice? Pois bem, em vez de avançar, eu fazia como Orfeu com Eurídice: eu me virava para trás e perdia o que já tinha feito! Hades, o deus do inferno e da obscuridade, foi claro. "Orfeu, excepcionalmente, porque você toca lira muito bem e sua música me encanta, eu lhe concedo o direito de retirar sua esposa do reino dos mortos, com uma, e somente uma, condição: jamais se virar para vê-la antes de ter chegado à luz do dia. De acordo?" Ele dificilmente poderia ter sido mais explícito. O contrato não tinha nenhuma alínea em letras miúdas, nada fora ocultado. Tudo estava lá e tudo fora dito, mesmo que a condição fosse muito bizarra. Por que impedir Orfeu de ver a esposa? Esse não seria precisamente o tipo de proibição que causaria nele a vontade de transgredi-la? Os gregos inseriram toda sua sabedoria nos mitos, para torná-la mais acessível. E a recomendação aqui é simples: se quer atingir seu objetivo, não pense em mais nada e avance sem olhar para trás.

Por quê? Você sabe muito bem por quê. Porque, caso contrário, duvidamos. Paramos, perdemos o ímpeto e recuamos. Refletimos em vez de agir, e esse é o fim da naturalidade. Duvidar é cair. Exatamente como um apaixonado em êxtase que gagueja, um funambulista que caminha sobre a corda bamba ou o garçom de um café. O funambulista segue a linha do seu olhar, sempre em frente, jamais para baixo, para trás ou mesmo no ar. Seu olhar é o fio que o conduz. O garçom do café, em uma versão menos perigosa, deve o equilíbrio a seu ímpeto, ao "Bebida quente passando!" que grita para abrir caminho, fazendo desaparecer magicamente os obstáculos diante de sua bandeja carregada de coisas frágeis e líquidos prestes a transbordar. Moisés fez o mesmo ao atravessar o mar Vermelho. A sorte favorece os audazes. Não olhe para trás, siga em frente.

Hoje, estou decidido. Após uma preparação excessivamente longa, não olho mais para trás, sigo em frente. Por quê? Para ver se funciona. Se é possível que este livro não se escreva sozinho — o que seria bom demais para ser verdade —, mas nasça por meio do método que preconiza. Se pode provar, pelo exemplo, que os conselhos que fornece funcionam. De onde vêm tais conselhos? Não de mim mesmo, garanto. Mas testei pessoalmente todos eles. São conselhos práticos, colhidos durante encontros e palestras, que utilizo cotidianamente, a ponto de já nem perceber. Eu os peguei emprestados de filósofos, artistas e atletas, sem esquecer dos personagens fictícios. Apelei aos homens de ação e aos pensadores, que às vezes são os mesmos... Descartes, Montaigne, Bergson, Bachelard, Pascal, Alain, Cyrano de Bergerac, Rodin, Gérard Depardieu, Napoleão, Yannick Noah, Zinedine Zidane, Stendhal, Françoise Sagan, o cozinheiro Alain Passard, o funambulista Philippe Petit, o psicanalista François Roustang, o mergulhador livre Jacques Mayol, a pianista Hélène Grimaud. Se esqueci algum nome, você o encontrará à medida que ler. Em resumo, lancei mão de todas as fontes.

Você deve ter notado que essas fontes são essencialmente francesas. Não se trata de coincidência. É preciso partir do que conhecemos e escavar no lugar em que estamos, correndo o risco de encontrar galerias escavadas por outros. Passaremos por elas em um ou outro momento. Não, a França não tem o monopólio da facilidade, mas há uma ideia de facilidade que é tipicamente francesa. Nós a analisaremos em detalhes, sem cair na armadilha do nacionalismo intelectual. A França é uma questão de direito de solo, mais que de sangue. É uma questão, sobretudo, de direito da língua e do espírito. Uma ideia só é francesa se for universalizável. O espírito francês está exposto a todos os ventos: essa é sua força, sua beleza e sua verdadeira nobreza. Descartes foi "o cavaleiro francês que partiu a tão bom passo", como o descreveu Charles Péguy. Mas, ao contrário de Péguy, Descartes virou soldado não por patriotismo, mas por amor às viagens e pelo desejo de descobrir o mundo. O método que inventou para facilitar o raciocínio não pertence a ninguém. A evidência de seu "Penso" é universal, e é por isso que um filósofo tão alemão quanto Hegel pôde dizer que Descartes foi o herói da filosofia moderna, e não somente da filosofia francesa. As ideias pertencem àqueles que as compreendem, e os métodos, àqueles que os empregam.

Essa França que é ela mesma uma ideia, "certa ideia", existe igualmente no imaginário coletivo sob a forma condensada de Paris, o símbolo internacional de todas as liberdades, o sonho do pensador e do artista. Elsa Triolet, a musa de Aragon, evocou essa Paris cosmopolita em um livro adequadamente intitulado *Le Rendez-vous des étrangers* [O ponto de encontro dos estrangeiros], onde Picasso, Chagall ou Giacometti se sentiam, com razão, em casa: "Os frequentadores de Montparnasse formavam uma espécie de legião estrangeira que não tinha na consciência nenhum crime além do de estar longe de seu país, de seu meio [...]. Paris nos deixara aquele canto abandonado [...]. Esse meio de sem-meios era tão parisiense quanto Notre-Dame e a torre Eiffel. E quando, dessa pequena multidão, explodia o fogo de artifício de um gênio, era o céu de Paris que sua glória iluminava." O pintor chinês Zao Wou-Ki, ao desembarcar em Paris em 1948, só conhecia uma palavra em francês, que lhe serviu de "abre-te, sésamo" ao entrar em um táxi: "Montparnasse." Ele falava não da estação, mas do lugar mítico com o qual sonhavam os futuros pintores. E foi lá que passou o resto da vida, em um ateliê próximo ao de Giacometti. Chinês por acidente de nascimento e francês por necessidade do coração. Mas francês de Montparnasse.

Você entendeu: não é preciso ser francês de nascimento para se sentir atraído pela arte de viver "à francesa". E em que consiste essa arte, exatamente? Se tentamos defini-la muito precisamente, perdemos sua essência, que é a de manter o mistério para preservar a atração. No século XVII, o século de Luís XIV, também chamado de "o Grande", os espíritos elevados definiam aristocraticamente o bom gosto como um *je ne sais quoi*, um "quase nada" que fazia toda a diferença entre uma obra-prima e o restante. O sucesso não estava relacionado ao trabalho empenhado, mas à ausência de esforço aparente, à naturalidade, à facilidade palpável com que o artista chegara a seu objetivo. Evidentemente, o artista trabalha. Mas, como bom mágico e homem polido, deve ocultar o fato. Essa ideia de uma facilidade à francesa, desdenhando do trabalho, vem do *Grand Siècle* e do espírito da corte. A sociedade burguesa que se seguiu, nascida durante a revolução, logicamente adotou o caminho inverso, afirmando violentamente a igualdade e o valor do trabalho. Se devemos nos diferenciar, será pelo mérito, não pelo nascimento. Portanto, cidadãos, ao trabalho! Mas a ideia de facilidade, eminentemente real, sobreviveu, como se a revolução, longe de suprimir a realeza, a tivesse estendido a todos, transformando todo cidadão em monarca. O rei está morto, viva eu! Se os franceses são tão indisciplinados, voluntariosos e rabugentos, é porque em cada um deles reside uma parcela monárquica, zelosa de seu "justo prazer". Adicione a isso a gastronomia, um senso agudo de liberdade, o amor pela beleza e o desejo de ter razão e você terá uma fórmula aproximada, porém precisa, do *je ne sais quoi* que apimenta a alma francesa. Uma mistura de arrogância nobre e insolência popular, de seriedade nas coisas leves e leveza nos momentos sérios, ou, em uma palavra, o desejo de *facilidade*, por vezes sinônimo de elegância e prazer. O auge dessa facilidade é a "negligência estudada", a elegância que exigiu horas de preparação, mas parece ter acabado de sair da cama. O "penteado despenteado": acabei de sair do cabeleireiro, mas ninguém deve notar. Passei horas diante do espelho do banheiro para dar a impressão de que sou espontaneamente *assim*. Há meses trabalho nesta página, mas quero que você pense que a improvisei. O chique verdadeiro sempre se faz passar por natural. Você entendeu: chegar a essa facilidade exige muito trabalho. Dar aos outros a sensação de facilidade é verdadeiramente uma arte ou mesmo o ápice de toda arte. Nada é mais difícil. Exceto — ainda mais bonito e muito mais difícil — não se contentar em apresentar o espetáculo da facilidade, mas senti-la em si, experimentá-la, vivê-la. Não somente em clarões, em breves momentos de graça, mas de maneira contínua, adquirida, definitiva. "Se o prazer é natural e fácil", disse Bachelard, "a felicidade precisa ser aprendida." Passar do prazer à felicidade é um bom programa. Gaston Bachelard foi professor da Sorbonne, tinha uma grande barba branca que lhe dava ares de mago Merlin, um olhar malicioso e grande amor pela imaginação, pela amizade e pela poesia, os ingredientes dessa felicidade. Apresentarei seu método neste livro — entre outros, pois há não somente um, mas vários caminhos —, e indicarei, no tempo que passaremos juntos, aqueles que me parecem dignos de serem emprestados, em todos os sentidos do termo.

Comecei este livro dizendo que nada é mais difícil que começar. Ironicamente, essa lei se faz sentir em dobro em um livro consagrado à facilidade. Quando escrevemos, passamos muito tempo buscando uma maneira de não começar. Nos perdemos em preparações e esperamos pela inspiração. Jamais estamos prontos e jamais estaremos. Não se trata de falta de coragem ou vontade. É assim. Não pode ser diferente. Para começar, é preciso ser um deus, capaz de partir do nada para criar o todo, retirando-o de sua própria substância. É inútil se apiedar do suposto bloqueio do artista, da famosa angústia da página em branco ou do medo de se engajar: começar é simplesmente impossível. Isso para não falar sobre terminar. Veja o caso de Giacometti: ele era incapaz de finalizar. Era preciso, literalmente, ir até seu ateliê e arrancar as esculturas de suas mãos a fim de enviá-las ao fundidor antes de uma exposição. Quando lhe perguntaram a razão, ele explicou tranquilamente: "Se crio uma escultura, é para terminá-la o mais rapidamente possível." "E, no entanto", observou seu interlocutor, "você está sempre recomeçando." Giacometti, então, respondeu: "Sim, porque não consigo começar." Pura lógica. "Até agora, ainda não comecei, na verdade [...]. Depois que começar, creio que ela estará praticamente finalizada."[1] Mas podemos sentir que terminar e começar são coisas igualmente impossíveis. Contudo, há uma saída, uma vez que Giacometti trabalhava e sua obra existia, mesmo que não existisse verdadeiramente para ele: "Eu me pergunto se, sob o pretexto de trabalhar, essa não é simplesmente uma mania que temos, como outras, de remexer a terra sem que isso gere muitos resultados."

Essa saída, essa solução miraculosa, existe e é de uma simplicidade absoluta, resumindo-se a dois capítulos ou mesmo duas palavras. Quando eu disser quais são, você pode fechar este livro para colocá-las em prática, sem perda de tempo. Eu continuarei a escrever, em respeito à ideia que fazemos da profissão de escritor, mas não hesite em me deixar de lado para aproveitar plenamente seu novo saber e colher seus frutos o mais rapidamente possível. Nada, de tudo que já li ou ouvi, foi mais útil, em todos os domínios da vida, que duas linhas extraídas de um livro do filósofo Alain, que foi professor, escritor e soldado. Chega de suspense, ei-las: "Toda a doutrina da ação [se resume] a dois capítulos com somente uma palavra cada. Primeiro capítulo: continue. Segundo capítulo: comece. A ordem, que surpreende, compreende praticamente toda a ideia." Duas palavras: continue, comece. Nessa ordem. Aí está. Pode fechar o livro e meditar. Basta continuar, no lugar de começar. Obrigado. Foi um prazer — breve, porém intenso — conhecê-lo. Adeus. Trate de ser feliz.

Se decidiu ficar mais um pouco, preciso fazer uma confissão. O primeiro livro de Alain que li foi *Propos sur le bonheur* [Proposições sobre a felicidade], em que peguei emprestado da biblioteca municipal de Hyères-les-Palmiers, no verão antes do último ano do ensino médio. Ávido por abstrações e grandes ideias, como convinha à minha tímida e trágica idade, fiquei decepcionado. Encontrei somente platitudes, conselhos de vida, exemplos pobremente concretos. Tive de esperar alguns anos para rever meus apriorismos e gozar da exatidão de um pensamento que alguns julgaram bem escrito demais para ser profundo. "O esforço que fazemos para ser felizes jamais é perdido." É preciso ter vivido um pouco para apreciar esse tipo de aforismo. A felicidade é fácil, ela está ao alcance das mãos, diz Alain. Essa ideia não é evidente, pois experimentamos o oposto. Sabemos que nada é fácil. Se sonhamos tanto com a facilidade, é porque ela é impossível, não? Você se sente sem forças, sem ímpeto, sem inspiração, privado dos recursos necessários para qualquer decisão, sem saber o que fazer para solucionar seus problemas ou, de modo mais geral, sem saber o que fazer da vida? Viver e agir são mais fáceis do que você imagina. E quem diz isso é um homem que amava o trabalho. Alain não era diletante nem preguiçoso. Era um homem de ação no corpo de um filósofo. Ele não nos diz para renunciar ao esforço, mas explica onde empregá-lo. É simples: "Tudo já começou, só precisamos continuar. Que cada um se mantenha no ponto em que está, no movimento que vai fazer. Todas as resoluções para o futuro são imaginárias. Continue o que está fazendo, mas melhor."

Estar vivo é estar preso na experiência, engajado no mundo. Já estamos, sempre, no interior da ação. Assim, não é preciso começar, simplesmente continuar. Não é necessária nenhuma grande decisão. Para se fazer entender, Alain fala do exemplo que conhece melhor, as escrituras, e cita Stendhal, que, segundo seu próprio relato, perdeu dez anos esperando pela inspiração: "Ainda em 1806, eu esperava por um momento de genialidade para escrever [...]. Se tivesse falado de meu projeto de escrita por volta de 1795, qualquer homem sensato teria dito 'Escreva todos os dias durante uma ou duas horas. Genialidade ou não'. Essa palavra me fez perder dez anos de minha vida, desperdiçados desastrosamente à espera da genialidade. Dito de outro modo, se queremos aprender a escrever, o que conta é escrever. Quanto mais escrevemos, melhor escrevemos."

"Percebi aqui", comenta Alain, "um dos segredos da arte de escrever. Não apague, continue; o início de uma frase é melhor que nada. Se a frase for desajeitada e sem ritmo, isso será uma lição."[2]

Jean Prévost, que foi aluno de Alain, também se debruçou sobre Stendhal: "Se, para o escritor que se corrige, o grande esforço vem após o primeiro jorro, para aquele que improvisa o esforço ocorre no instante de escrever [...]. Jamais surpreenderemos Stendhal começando; ele sempre retoma ou continua."[3] Para evitar começar, Stendhal não hesitava em copiar, traduzir, retornar a um antigo esboço ou a uma página de seu diário, ou partir de uma obra de arte, descrevendo-a. "Meu espírito", confessou ele, "é um preguiçoso que adora se dedicar a qualquer coisa menos difícil que compor."

Em que o exemplo de Stendhal pode ser esclarecedor? Nem todo mundo quer se tornar escritor. Mas "não diga que você zomba da arte de escrever", recomendou Alain, "pois é uma arte necessária em todas as profissões, e perdemos muito tempo apagando e recomeçando. A rasura não é o modo de evitar rasuras, muito pelo contrário, pois criamos o hábito de escrever qualquer coisa em função da ideia de que poderemos modificá-la. O esboço estraga a versão final. Tente outro método: fuja dos erros." Esse exercício de escrever sem rasurar, de escrever sem retorno, parece difícil antes de ser testado. Acreditamos que não teremos direito ao erro e que essa restrição irá nos paralisar. Mas ocorre o inverso, desde que compreendamos que não se trata de ser perfeito, mas de se apoiar sobre a imperfeição da primeira frase para fazer brotar a seguinte. O definitivo tem algo de liberador. Essa proibição de olhar para trás não é mais uma ameaça proferida por Hades, o deus do inferno, e sim a mais bela promessa que você pode fazer a si mesmo. Trata-se de um verdadeiro presente, pois, ao suprimir a possibilidade de retornar para desfazer, você oferece a si mesmo a possibilidade de inventar. Aprendemos a escrever escrevendo, não apagando. Esse método cria sua própria dinâmica. Obrigado a prosseguir, você se lança adiante. Essa maneira tão francesa de escrever sem rasura é *cavalière* ["cavaleira", isto é, desenvolta, autoconfiante] em todos os sentidos do termo: ela conduz a frase como se fosse um cavalo fogoso, e lhe dá o direito de contornar as convenções. A imperfeição já não é um problema, mas um ponto de apoio. Tente, apenas para si mesmo, sem testemunhas. Escreva sem voltar atrás. Com tinta preta, sem apagar e sem rasurar. Depois me conte o resultado.

Se não gosta de escrever, veja esse exercício como uma forma de ginástica ou musculação mental. Obrigue-se a isso, se necessário, e, depois de ter experimentado a liberdade de não reler a si mesmo, de não voltar atrás e sempre avançar, você estará em posição de fazer a mesma coisa na vida. Sua existência passará a ter o sabor do improviso alegre e assumido, no lugar da busca por uma perfeição paralisante ou do abandono à sensação de "tarde demais". O que nos permite fazer é a ideia de que sempre poderemos refazer, de que a verdadeira ação é uma continuação, não uma ruptura; um fluxo, não um começo radicalmente novo. As grandes mudanças se produzem, muitas vezes indiretamente, pelo acúmulo contínuo de minúsculas decisões. Continue o que você está fazendo, só que melhor, em vez de partir do zero todas as manhãs: o resultado será mais espetacular e durável. Não queira a tábula rasa, não varra todas as peças do tabuleiro. Surpreenda a si mesmo e continue jogando. Você sempre poderá recomeçar depois de terminar. Por agora, pergunte-se que movimento pode fazer, por menor que seja, para apreciar a partida.

Fácil

O erro é esperar — a caneta suspensa, a vida suspensa. Se não sabe como sair dessa espera estéril, faça como Stendhal: pegue sua primeira frase ou sua primeira ação emprestada de alguém. Continuar permite utilizar o ímpeto de outros, em vez do próprio. No ciclismo, falamos em pegar o vácuo. Aproveitamos o movimento que não criamos, o esforço fornecido por aquele que seguimos e que gera o vácuo. Viver, como escrever, é seguir na onda de alguém ou de algo. Aprendemos um idioma imitando outros, decorando. Pouco a pouco, sem perceber, terminamos em nosso próprio vácuo, falando aquela língua. Ao escrever, pedalamos ou galopamos. Um escultor precisa de argila ou pedra para modelar ou esculpir; ele não pode trabalhar com o ar, a partir de nada, *ex nihilo*. Giacometti, ao se entregar ao que chamava de mania, talvez jamais tenha verdadeiramente começado, mas isso não o impediu de continuar, com o sentimento de sempre falhar naquilo a que aspirava, mas com o prazer de trabalhar. Ouça o que ele disse, questionado pelo sempre pertinente Jean-Marie Drot, nos dando a palavra final, ao menos deste capítulo:

— Giacometti, da última vez que nos vimos em Paris, você estava criando uma escultura. Hoje, em Zurique, você é como um pastor que vê todo o seu rebanho reunido. Ele está por toda parte. Qual é a sensação?

— Ontem, ao ver a exposição, fiquei muito feliz. Ao menos momentaneamente. Achei tudo muito belo. Agora estou um pouco inquieto.

— Por quê?

— Porque, se eu permanecesse tão feliz quanto estava ontem, isso significaria, contrariando tudo que penso de modo geral, que não tenho mais julgamento crítico ou cheguei a um estado no qual nada me resta a fazer.

— Mesmo assim, é como se você estivesse vendo sua vida inteira em uma sala.

— Sim, mas... de certa maneira, minha vida ainda não começou.

– 2 –

Começar

O segredo da ação é se jogar nela.
Alain

Dar o primeiro passo: a angústia dos apaixonados e o terror dos funambulistas. "Eu não poderia dar o primeiro passo sem ter a certeza de que daria o último. É algo muito parecido com a fé religiosa." Quem disse isso? Philippe Petit. Quem é Philippe Petit? Se não sabe, você provavelmente é francês, já que ninguém é profeta em sua própria terra. Para compreender quem ele é, a melhor maneira é sentir o que ele faz. Proponho uma pequena experiência imaginária. Ao fim deste parágrafo, feche os olhos, conte até dez e abra os olhos novamente. Um, dois, três, valendo.

Ao abrir os olhos, o céu o cerca. De soslaio, você vê um pássaro se lançar nas alturas. O que é esse barulho ensurdecedor? Seu coração. Em suas pernas, há um tremor. Você abaixa a cabeça. A seus pés, a vertigem. Você está à beira do vazio. Inclina-se para dar uma olhada. Quatrocentos e dez metros abaixo — quase meio quilômetro, o comprimento de quatro campos de futebol, cem metros a mais que a torre Eiffel, seis vezes a altura de Notre-Dame —, seu olhar toca o solo. O solo no qual, se você não tomar cuidado... De onde vem este vento? É o vento de seus pensamentos. O único que pode derrubá-lo. Você levanta a cabeça e olha para frente. Seu olhar segue o fio sobre o qual está prestes a caminhar. Pois você realmente vai andar sobre esse fio suspenso a mais de 400 metros do solo, esse cabo de 60 metros que você passou a noite estendendo clandestinamente, com seus cúmplices Jean-François, Jean-Louis e Albert, entre as duas torres que o fazem sonhar há anos, as duas torres entre as quais você jurou andar um dia. Uma manhã. Esta manhã. Ainda não são 7 horas de 7 de agosto de 1974 e, lá embaixo, os trabalhadores minúsculos que começam a chegar a seus escritórios cruzam com os notívagos que estão indo para a cama, enquanto você, lá no alto, sozinho, está prestes a andar sobre seu fio. Nova York está acordando e você ainda não dormiu. Você está prestes a atravessar o vazio que separa o alto das torres gêmeas do novíssimo World Trade Center. Após anos de preparação, hesitação, organização, sua hora enfim chegou. Por enquanto, você é Philippe Petit, mas, quando der o primeiro passo, será *funambulista*.

As condições não são ideais, longe disso. Há nuvens. Pode chover. O vento é forte — talvez forte demais. É muito alto. *Tratado do funambulismo*:[4] "Você não deve hesitar nem ter consciência do solo, o que corresponde a uma perigosa paralisia da alma." O cabo vai aguentar? Será preciso adiar, remarcar? Impossível. Em um minuto, os elevadores começarão a funcionar; em dois, os primeiros operários chegarão ao telhado. A polícia virá logo em seguida. Olha lá, a engrenagem do elevador começou a girar. Seu amigo e cúmplice Jean-François, que corre o risco de ser preso por ajudá-lo, entrega-lhe a vara de 25 quilos necessária para a travessia. Você não pode mais recuar.

O primeiro passo é aterrorizante. É o ponto sem volta. Você pensa na primeira vez que viu as torres. Foi há seis anos, na foto de uma revista na sala de espera do dentista. Você arrancou a página, em vez de deixar que arrancassem seu dente, e fugiu com seu tesouro. As torres ainda não existiam, mas você podia sonhar com elas. A segunda vez que as viu não foi em uma foto, mas na vida real. Lá de baixo, evidentemente. Sua massa, sua densidade, sua altura ameaçadora. A foto o fizera sonhar; a realidade o esmagou. Cada fibra de seus músculos, cada parte de seu corpo, cada arrepio de sua pele gritara, na linguagem muda que você entende melhor do que ninguém, que era impossível. Aliás, malgrado os meses de preparação, continua sendo impossível. E é por isso que você vai fazer. Não importa como. "O erro é partir sem esperança, lançar-se sem autoconfiança na situação em que temos a certeza de falhar." Quando os dados são lançados, é tarde demais para recuar. Tudo acontece antes, na maneira de jogá-los, de se jogar. Tudo está na esperança que investimos neles. Na autoconfiança. Essa autoconfiança não é verdadeiramente um pensamento, mas uma postura, uma maneira de se apresentar ao mundo, com as costas eretas. Não se trata de um pensamento que temos, mas de um pensamento que somos. Um pensamento que nos poupa, na verdade, do inconveniente de pensar. Porque, se refletirmos um instante, que ideia é essa de arriscar a vida entre as duas torres mais altas do mundo? É exatamente isso, uma ideia. O funambulista é uma ideia no ar, preso somente a um fio e tendo somente a fé. "Quando coloco o pé sobre o fio, eu o faço com uma sensação de certeza." De onde ela vem? Das horas de treinamento, claro, da preparação meticulosa, da confiança no poder das pernas e na sabedoria dos pés. E, no fundo, de parte alguma. A certeza do funambulista é a certeza da arrogância, da inconsciência ou da loucura. Uma fé sem deus. Uma fé pura.

Só mais um instante antes de partir. Para além da questão de vida ou morte, o estilo do primeiro passo é determinante. "Pousar o pé de uma só vez sobre o fio produz uma caminhada segura, mas pesada, ao passo que deslizar primeiro a ponta, depois a planta, depois o calcanhar permite conhecer aquela leveza inebriante, fantástica, a uma grande altura. E as pessoas dirão: 'Ele está passeando sobre o fio!'" Eis a ideia: passar a sensação de passeio, de facilidade, ao caminhar no céu 110 andares acima do solo. Ser tão leve quanto um sonho. Então, seja cuidadoso com o primeiro passo.

Fácil

As pedras que já assentamos para construir um muro definem a forma das pedras que virão. Quanto mais o muro avança, menos espaço nos resta para a hesitação ou o acaso, e mais somos conduzidos pela necessidade. Mas como ousar começar? A liberdade é uma vertigem, as infinitas possibilidades de uma promessa de queda, um céu sem estrelas, um vazio metafísico habitado somente por perguntas: por que fazer desse jeito, e não de outro? Por que ir por aqui, e não por lá? O funambulista, ao menos, sabe para onde deve ir. Direto em frente. Ele não hesita quanto à direção, mas quanto ao primeiro passo. Depois disso, não há escolha. Não é o caso de todas as atividades, evidentemente. O funambulista é um caso extremo que serve como metáfora. A maneira de começar, em qualquer domínio, contém em si os germes do sucesso ou do fracasso. É preciso não simplesmente partir, mas partir em bom passo. Equitação, corrida, profissão ou amor, o primeiro passo anuncia o que virá em seguida. Se partir com confiança, você terá infinitamente mais chances de chegar a seu objetivo. É um pouco como o tiro com arco: se a flecha parte bem, ela já está no centro do alvo, já encerrou sua corrida no momento em que deixou o arco. Não se trata de predestinação: antes de ser atirada, a flecha não vai a lugar nenhum. Nada está definido de antemão, mas, para atirar com arco, há uma maneira de começar que faz com que tudo termine bem.

Descartes disse que a indecisão é o pior dos males. Como evitá-lo? André Gide, que decididamente também admirava Stendhal, escreveu em seu diário: "O grande segredo de Stendhal, sua grande malícia, é escrever imediatamente [...]. Há nisso qualquer coisa de alerta e espontâneo, de inegável e súbito [...]. Nos perdemos quando hesitamos." É um comentário profundo. Não hesitamos porque estamos perdidos, nós nos perdemos porque hesitamos. É compreensível que Stendhal exerça tanto fascínio sobre os escritores. Enquanto todos conhecem a dificuldade de começar, ele se lança à pena sem um segundo de hesitação. Como Napoleão se lançava à batalha. Ou como devemos nos lançar na água para aprender a nadar. Até mesmo andar é se lançar à frente, começar a cair e evitar a queda ao convertê-la em ímpeto, em movimento adiante.

Muito bem. Mas se estamos perdidos em uma floresta, por exemplo, como fazer qualquer outra coisa que não hesitar? Descartes indica, em seu *Discurso sobre o método*, que, embora o entendimento não possa esclarecer a vontade, basta imitar os viajantes que, estando perdidos em uma floresta, não devem andar a esmo, ora para um lado, ora para outro, e muito menos ficarem parados no mesmo lugar, mas caminharem sempre e o mais diretamente possível na mesma direção, sem modificá-la por razões menores, embora, no início, o acaso talvez tenha determinado a escolha. Por esse método, se não vão exatamente para onde desejam, eles ao menos chegam ao fim de algum lugar e, provavelmente, estão em melhores condições que no meio da floresta.

É melhor escolher uma direção ao acaso e se ater a ela que andar em círculos ou permanecer no mesmo lugar, em uma hesitação sem fim. Se nada fazemos, definitivamente estamos perdidos. Escolher é conseguir fugir. Descartes escreve: "Minha segunda máxima era ser o mais firme e resoluto possível em minhas ações e, depois de ter escolhido, seguir com constância mesmo as opiniões mais duvidosas, como se fossem muito confiáveis." Essa é uma recomendação estranha por parte de um filósofo racionalista. Pouco importa, diz ele, o conteúdo da decisão, desde que eu a considere boa. Pouco importa a veracidade de uma opinião, mesmo a mais duvidosa, desde que eu a considere verdadeira. Como um pensador tão grandioso, inimigo dos preconceitos, pôde aconselhar tal renúncia? Isso é escandaloso e absurdo. A veracidade de uma opinião não pode ser decretada: é preciso examinar suas costuras, pesar os prós e os contras, levar o tempo que for necessário. Isso é verdadeiro quando estamos pensando. Mas é falso quando precisamos agir. Na vida prática, meu amigo, o tempo urge, o sol se pôs, já vai chover, acabou a água, precisamos fazer alguma coisa. Mais frequentemente, trata-se menos de agir que de reagir às circunstâncias, aos eventos, aos outros. Se nos demoramos examinando todas as decisões possíveis, jamais agimos, estamos sempre atrasados. É melhor, diz Descartes, escolher ao acaso que não escolher. O que torna uma decisão boa é o fato de a tomarmos e nos atermos a ela, como se fosse a melhor possível. Na urgência da ação, ela sempre é a melhor possível. Por quê? Porque sim. Depois que uma decisão é tomada, ela deve ser considerada irrevogável. Ao fazer isso, evitamos voltar atrás, lamentar e mudar de curso no meio do caminho, que é o pior de tudo. O verdadeiro inimigo da ação é a dúvida.

Desse ponto de vista, começar é finalizar. É pôr fim às deliberações, às hesitações, aos cálculos e se colocar a caminho. Não amanhã nem mais tarde, mas aqui e agora. Não espere 1º de janeiro para fazer o que precisa fazer. Alain comentou: "Uma resolução é somente uma ferramenta a ser empregada. O raciocínio a segue. Reflita sobre o fato de que o raciocínio não pode dirigir uma ação que não foi iniciada." Não se trata de renunciar à reflexão quando agimos, mas de só empregá-la no interior da ação, a seu serviço, e somente se necessário. Ela deve ser tão leve quanto possível, sem se tornar um obstáculo. Regrada pela ação, a reflexão é uma potência. Entregue a si mesma e às dúvidas, é um flagelo.

É claro que seria infinitamente melhor se tivéssemos o tempo e a capacidade de pesar com exatidão todas as nossas escolhas, de fazer como o deus de Leibniz, do qual zomba Voltaire em *Cândido*: calcular todas as possibilidades antes de criar "o melhor mundo possível". Mas ser humano é, na maior parte do tempo, ser forçado a agir sem saber. Por quê? Descartes explica muito bem. Se pensamos em Deus — não o deus da religião, objeto de crença, mas um ser ideal que existe como hipótese —, tudo nele é infinito: seu entendimento (capacidade de compreender), sua potência (capacidade de fazer), sua vontade (capacidade de afirmar ou negar). Um ser perfeito pode tudo pensar, tudo fazer e tudo querer: ele é onisciente, onipotente e dotado de vontade infinita. Em comparação, nós, os pobres mortais, somos dotados de um entendimento finito, de uma potência finita, mas, em uma espécie de milagre, gozamos, assim como Deus, de uma vontade infinita. Não podemos compreender tudo — sequer podemos compreender muitas coisas ao mesmo tempo, não podemos fazer tudo —, mas somos livres para querer tudo. Malgrado nossa impotência metafísica, há um infinito em nós. E é por isso que, mesmo sendo, por natureza, ignorantes em relação ao futuro e incapazes de considerar todas as escolhas possíveis, podemos decidir e agir. Alain, que foi continuador de Descartes, disse isso muito claramente:

É inútil refletir sobre o que vamos fazer antes de começar. É como inventar um sistema de arquivo antes de saber quais documentos colocaremos nele. Ou querer saber o que vamos dizer antes de falar. Esse último exemplo é melhor, porque choca. Nosso raciocínio não é de natureza que possa seguir na frente; quem pensa em suas ações jamais age. O alpinista no Himalaia pode nos instruir sobre isso, pois, se ficar olhando para a montanha, jamais saberá por onde pode passar. "É para saber por onde passarei que eu caminho."

Trata-se de um paradoxo imenso, do verdadeiro segredo dos homens e mulheres de ação: eles agem precisamente porque não sabem o que estão fazendo. Eles sabem um pouco, claro, ou não iniciariam a ação. Mas, se soubessem de tudo, não teriam necessidade de agir. Eles não agem porque sabem, agem para saber. São os primeiros espectadores do que fazem, como se assistissem à própria vida ao mesmo tempo que a conduzem. O prazer da ação é surpreender a si mesmo, descobrir o que somente a ação permite — um novo caminho para o alpinista — e somente a ação revela: coragem, medo, etc. Quando agimos, somos sempre os primeiros a ser surpreendidos. O que não significa permanecermos passivos. Ao contrário, é ao prestar atenção no que me acontece que reoriento meu curso e me adapto através de novas decisões, como um marinheiro que se orienta constantemente pelas ondas e pelos ventos. Agir não é tomar uma grande decisão de uma vez por todas, mas tomar várias pequenas decisões em função do que sabemos e do que não sabemos. Fazer é jamais deixar de fazer, e sempre fazer melhor.

Será que isso contradiz a recomendação de Descartes, de escolher uma opinião ou direção ao acaso, se necessário, e jamais se afastar dela, a menos que seja por "fortes razões"? Será que é preciso decidir de uma vez por todas e se manter nessa decisão custe o que custar, ou é preciso reavaliar permanentemente as decisões e mudar de rumo de acordo com os acontecimentos? Bom, depende! Se você está na obscuridade total, se não tem nenhuma ideia da direção a tomar, é preciso aplicar a máxima de Descartes: escolher ao acaso e se ater a essa escolha. Mas, se tem algum conhecimento da situação; se, como bom marinheiro, sabe ler os ventos em função da aparência das águas; se seus conhecimentos lhe permitem se antecipar, faça o que tem de fazer. Para se fazer entender, Alain cita um exemplo que é ainda melhor por ser chocante: é ao abrir a boca, diz ele, que descobrimos o que queremos dizer. Eis algo que vai contra todas as nossas ideias, contra a sabedoria popular que nos obriga a contar até dez antes de falar para não dizer besteira. Isso significa que, antes de abrirmos a boca, não temos nenhuma ideia do que vamos dizer? Não exatamente. Mas falar também é uma aventura. E cada um de nós participa dela permanentemente. Quando começamos a falar, não sabemos exatamente o que vamos dizer. E isso não é um defeito, é parte da própria natureza da fala. Ela serve para isso, para nos revelar nossos pensamentos ao torná--los reais e, portanto, orientáveis, modificáveis, corrigíveis como tudo que existe. O paradoxo aqui é que, se queremos falar bem, não devemos pensar demais antes de falar. Quem pensa demais no que vai dizer corre o risco de atrapalhar e bloquear a própria fala. Inversamente, quem não presta atenção suficiente no que está dizendo corre o risco de se deixar levar pelo som das palavras, em detrimento do sentido. Para falar, é preciso, ao mesmo tempo, nos deixarmos levar pelo ritmo da frase que começamos e controlar esse ritmo para orientar o fluxo das palavras. A linguagem deve fluir. E a única maneira de dizer o que temos a dizer é descobrir ao dizer. É começar a falar. Mesmo quando cremos saber precisamente o que temos a dizer, a maneira de dizer é encontrada ao falar, com uma espécie de despreocupação, entre sonambulismo e funambulismo, em um sutil equilíbrio entre intenção e significação, sobre o fio.

Você já ouviu Édouard Baer? Esteja ele apresentando uma cerimônia no festival de Cannes ou um programa de rádio, quer seu texto esteja escrito previamente ou não, ele sempre passa a impressão de estar improvisando. Exatamente como um jazzista. E é por isso que o ouvimos, que o seguimos com delícia, maravilhamento e uma espécie de medo.

Medo de que ele caia da frase. Medo de que o encantamento se quebre. O improviso bem-sucedido é um sonho acordado e, louco paradoxo, é preciso não pensar demais na ideia que se quer exprimir. Quando falamos, precisamos prestar atenção ao que dizemos, não no sentido medroso das crianças a quem ensinamos a contar até dez antes de falar ou das vítimas da *omertà*, mas no sentido do funambulista que avança sobre o fio sem prestar demasiada atenção a ele, pois isso poderia fazê-lo cair. Mas, impulsionados pelo ritmo de nossa fala, não devemos nos deixar levar. Falar é surfar sobre a palavra que rola como uma onda — uma onda que nos carrega ao mesmo tempo em que ameaça nos engolir. O político pratica o que chamamos de *langue de bois* [linguagem de madeira], pesada, rígida, morta, ao passo que o herói da palavra viva se arrisca sobre um esquife tão leve e flexível quanto possível. A atenção, quando falamos, não está em algo que já existe, mas em uma realidade que se forma a cada passo, a cada palavra, e da qual somos os primeiros espectadores. Você entendeu a ideia: se esperássemos para saber exatamente o que diríamos antes de falar, jamais proferiríamos uma frase.

Dá-se exatamente o mesmo no caso de viver. Não existe preparação para a vida. Assim, é preciso suprimir essa fase e prestar atenção na atitude. Lançar-se sem rede e com autoconfiança permite aprender a viver como aprendemos a andar a cavalo ou de bicicleta, aceitando o ímpeto fornecido pela própria vida. Viver assim é sempre se surpreender. Surpresas boas ou ruins? Nada é exatamente como previsto. Você não teve tempo suficiente para se preparar. Mas, quanto mais hesitar, mais difícil será. Não espere saber para agir. O que lhe reserva o futuro? Para saber, é preciso ir ao encontro dele.

Entrementes, voltemos a Philippe Petit em 7 de agosto de 1974, no momento em que a engrenagem do elevador começa a funcionar, seu amigo Jean-François lhe entrega a vara e só lhe resta um minuto para decidir se sim ou não; se, malgrado a fadiga e o medo, ele vai se lançar:

Subitamente, a densidade do ar não é mais a mesma.
Jean-François já não existe.

A torre em frente está vazia.

A engrenagem do elevador parou de girar.

O horizonte está suspenso de leste a oeste.

Nova York não se estende mais até o infinito. O barulho da cidade é somente uma borrasca da qual já não sinto nem a excitação, nem a potência.

Eu me aproximo da beirada. Passo por baixo da viga metálica.

Coloco o pé esquerdo sobre o cabo.

O peso de meu corpo repousa sobre a perna direita, apoiada na lateral do edifício.

Ainda pertenço ao mundo material.

Se passar ligeiramente meu peso para a esquerda, minha perna direita estará liberada e meu pé direito irá ao encontro do cabo.

De um lado, a massa de uma montanha. Uma vida que conheço.

Do outro, o universo das nuvens, tão repleto de desconhecido que parece vazio. Espaço demais.

Entre os dois, um fio sobre o qual meu ser hesita em distribuir o pouco de força que lhe resta.

À minha volta, nenhum pensamento. Espaço demais.

A meus pés, um cabo. Nada mais.

[...]

Um grito interno me invade, o desejo primal de fugir.

Mas é tarde demais.

O cabo está pronto.

Meu coração está tão violentamente ligado a esse cabo que cada uma de suas batidas produz um eco, um eco que envia para o vazio cada pensamento que tenta surgir.

Com um gesto decidido, meu outro pé se apoia sobre o cabo.

[...]

Tomado pela estupefação, por um medo tão extremo quanto súbito e, sim, por grande alegria e grande autoconfiança, eu me equilibro sobre o fio. Com facilidade.[5]

– 3 –

A TENTAÇÃO DAS 10 MIL HORAS

Quem se esforça trabalha contra si mesmo.
Alain

A facilidade não é um conceito, mas um sentimento. Um sentimento que possuímos ou passamos. Na escola primária, eu adorava ler. Amava. No primeiro e no segundo anos, li ao menos um livro por dia. Era como um doce, uma recompensa, algo realmente muito fácil. Eu via os colegas sofrendo para ler um livro por semana, enquanto eu me regalava e devorava dois por dia. Às vezes, lia um mesmo livro duas vezes. Reli três vezes, no mesmo dia, *O chamado da floresta*, cada vez mais rapidamente. Eu adorava a história do cão Buck, que era roubado e, de um dia para o outro, passava da existência fácil de cão doméstico à vida cruel de cão de trenó. Apesar de sua origem "burguesa", Buck tinha uma vantagem sobre os outros cães: ele adorava puxar o trenó e se dedicar ao máximo para ser o primeiro. Para os outros, era um esforço; para ele, um prazer. Era seu instinto e o sentido do título. Os outros sofriam, mas, para ele, não custava nada atender ao *chamado* da floresta. Para mim, era o chamado dos livros. Buck não tinha nenhum mérito, nem eu. Cada um de nós fazia o que mais amava no mundo.

Alguns anos mais tarde, quando me vi em uma turma de matemática avançada, embora minha vocação fossem as letras, compreendi como era estar *do outro lado*. O ritmo da aula era tão intenso que meu punho doía por escrever rápido demais. Após duas horas ininterruptas copiando símbolos e equações que não compreendia, eu tinha a impressão de ser um burro caminhando em círculos, amarrado a um parafuso sem fim, sem nada produzir além da sensação de futilidade. Como se fosse Sísifo, que Albert Camus nos disse para imaginarmos feliz, ainda que os deuses o tivessem condenado a empurrar colina acima uma enorme rocha, que tornava a rolar para baixo e que ele precisava empurrar de novo, eternamente. O dia começava realmente quando terminava a aula: cada um de nós ia para seu quarto e suava sobre os exercícios a serem apresentados no dia seguinte. Todas as "toupeiras" [*taupins*, candidatos à Escola Politécnica] ralavam muito [*pougnaient*]. *Taupins* é fácil de compreender: como toupeiras, estávamos sempre cavando e não víamos a luz do dia. *Pougner* deve ter vindo de *pogne* [mão] e tinha um ar de labuta medieval. Afinal, estávamos no bairro das escolas, no liceu Louis-le-Grand, e tínhamos ido até lá para ralar. Bem, não todos. Para alguns, o liceu era um passeio no parque. Cédric, por exemplo, jamais ralava; passava o dia circulando pelos corredores. Uma "toupeira" levantava a cabeça de seu buraco e dizia, estendendo um papel: "Cédric, faz duas horas que estou trabalhando nisto, mas é impossível." Cédric dava uma olhada, caminhava até o fim do corredor e, um minuto depois, retornava com um sorriso: "Há duas soluções. A segunda é mais elegante." Ele não fizera nenhum esforço. Visualizara a solução. Ou as soluções. Enquanto os outros procuravam uma solução sem encontrar, ele encontrava duas sem procurar. Para ele, a matemática era o chamado da floresta. Quando percebi isso, parti sem hesitar para minha própria floresta. O diretor não criou problemas para me transferir para a área de letras, cujos alunos chamávamos de "cambaios" [*khâgne*, candidato à Escola Normal], em função dos joelhos juntos daqueles que passam muito tempo com os livros apoiados sobre eles. Passar de toupeira a cambaio não diminuiu minhas horas de trabalho, claro, mas eu voltava para o quarto me sentindo em meu elemento. O diretor simplesmente comentou: "Eu avisei." Ele conhecia bem seus cães.

Após somente duas semanas de matemática avançada, eu me sentia fatigado, sem recursos, esgotado antes mesmo de começarem as aulas. No momento em que passei para as letras, voltei a ficar em forma, cheio de energia, entusiasmo e alegria. Isso durou pouco, claro, porque a escola preparatória é uma experiência essencialmente desagradável, mas os primeiros dias foram eufóricos. Eu entendia o que estava escrito no quadro negro e os professores falavam minha língua. Tudo voltara ao normal e, não obstante o ambiente geral de estresse, compreensível em uma turma que se preparava para um exame de admissão, eu tinha a impressão de ter fugido da prisão, escapado do inferno dos trabalhos forçados, reencontrado a liberdade e a perspectiva dos grandes espaços. Eu recusei o sofrimento de perseverar em uma direção que não me convinha. Os esforços contra a natureza são esgotantes. São um sinal de coragem e abnegação, mas, sobretudo, de autonegação. Uma virtude negativa ainda é uma virtude, mas aquele que não ama o que faz sempre avançará menos que quem o faz com prazer. Um bom cão de trenó é aquele que adora puxar seu fardo por centenas de quilômetros. Não há necessidade de forçá-lo. Eric Morris, especialista na questão, explica que, para treinar os cães de trenó a percorrerem longas distâncias, como na Iditarod, conhecida como "a última grande corrida da Terra" (com mais de 1.500 quilômetros no frio e nas longas noites do Alasca — Oi, Jack! Como vai, Buck?), é inútil utilizar comida como recompensa. O reforço negativo, uma técnica de adestramento que consiste não em oferecer recompensas, mas em suprimir punições, tampouco funciona. "Para percorrer uma distância assim, precisa ser mais ou menos como para o cão de caça que fareja o faisão: aquela tem de ser a coisa que dá a ele o maior prazer possível. É preciso que ele tenha o desejo inato de puxar [o trenó] [...] algo encontrado em graus variados em diferentes cães."

Quando li isso no excelente livro de David Epstein, *Le Gène du sport* [O gene esportivo], comecei a uivar para a morte, ou para a lua, pois fiquei chocado com a comparação entre a criação de cães de trenó e o treinamento de atletas de alto nível. Àqueles que acreditam ingenuamente que basta querer para poder, Epstein responde, de maneira documentada, que não é assim tão simples. Alguns só precisam querer para poder, não precisam se esforçar nem tomar decisões: eles não têm escolha, precisam correr. Ele cita o exemplo de Pam Reed, uma corredora de maratonas e de provas extremas como a Ultramaratona de Badwater, que ela venceu duas vezes e que consiste em uma prova de 217 quilômetros que começa no Vale da Morte. Reed explica que, se não correr entre três a cinco vezes por dia, totalizando ao menos três horas, ela se sente mal. Com a idade, ela já consegue suportar a imobilidade por mais tempo, mas ficar sentada continua desconfortável. Françoise Sagan sente o mesmo, mas em relação à leitura: "Eu leio o tempo todo, mesmo enquanto escrevo. Quando trabalho por várias horas ininterruptas, descanso lendo. Confiar meus pensamentos a alguém que pensa em meu lugar, sobretudo quando se trata de um livro instigante, é o ápice do repouso. Adoro fazer isso, é algo que me deixa otimista."[6] Tenho certeza de que, para Cédric, um dia sem matemática é inimaginável. Em todos esses casos, a vontade pouco ou nada intervém; não há esforço, no sentido doloroso do termo. Sagan, quando lê ou escreve, nada na felicidade das palavras. Cédric se banha nas delícias dos problemas matemáticos. Os dois são como peixes na água. Ou melhor, como cães de trenó no frio e na neve. Essa imagem é mais adequada, porque, mesmo quando é difícil, eles adoram o que fazem. Eles amam puxar seu trenó.

O que faço sem esforço me leva a pensar que se trata de algo fácil, que todo mundo poderia fazer. Isso se chama ilusão do mestre. Basta se encontrar do outro lado da maestria para entender que isso é uma ilusão, que algo que é fácil para um não é necessariamente fácil para outro. A ilusão do mestre é a dos professores de letras que acham que todo mundo adora ler. Ou a dos professores de matemática que não entendem que nós não a compreendemos. É a única coisa que eles acham difícil: entender que aquilo que é fácil para eles pode ser difícil para os outros. Se você é professor de matemática, tenho certeza de que não tem a menor ideia do que estou falando.

No sentido inverso, há também a ilusão do iniciante, quando cremos que, como algo parece fácil para os outros, será fácil também para nós. Ora, não basta ver Philippe Petit caminhar sem esforço sobre um fio para ser capaz de fazer o mesmo. Tampouco basta ver Cédric solucionar um problema matemático em trinta segundos para compreender a solução como se por contágio. Em geral, percebemos isso rapidamente: a ilusão do iniciante não sobrevive ao teste da realidade. Mas há também a sorte do principiante: a sorte daquele que, na primeira tentativa, consegue fazer algo muito difícil, precisamente porque ainda não sabe que é difícil. A primeira vez que segurei uma bola de basquete, tentei, só de brincadeira, fazer uma cesta de costas do meio da quadra. Impossível, evidentemente. Todos os jogadores de verdade riram de mim. Eu lancei a bola para trás, o mais longe e o mais alto possível, e mal tive tempo de me virar para vê-la encerrar sua trajetória perfeita, entrando na cesta sem tocar o aro. Com ar indiferente, caminhei para fora da quadra diante dos jogadores estupefatos. É preciso dizer que eu sabia que não tinha feito aquilo de propósito, e sabia que seria incapaz de repetir o feito. A sorte de principiante não dura, por definição. A primeira vez é mágica. Ela permite sucessos que as tentativas seguintes apagam, mas a lembrança pode se tornar uma promessa: se treinamos durante muitos anos, é para reencontrar essa sorte, essa inocência de iniciante. O mestre é aquele que finalmente reencontra esse estado no qual ele faz milagres, e que é preciso chamar de estado de graça.

A graça é a de Philippe Petit sobre o fio ou Zinedine Zidane em campo. Todo mundo a vê. No caso de Zidane, mesmo os colegas de time a notam. E também as esposas dos colegas, apesar de estarem habituadas a um nível altíssimo: Victoria, esposa de David Beckham, colega de Zidane no Real Madrid, o comparou a uma bailarina. Foi um elogio: ela foi dançarina. Há, no entanto, uma diferença fundamental entre o futebol e a dança: o jogador não busca simplesmente a beleza do gesto. Ele quer ganhar e, para isso, deve fazer gols. Seu gesto tem um objetivo, ao passo que o gesto da dançarina não tem qualquer propósito além de si mesmo. Mas há um ponto em comum entre os dois: o treinamento é difícil. Mesmo para Zidane. A graça, por possuir sentido religioso, é uma palavra perigosa. Ela pode levar a crer que se trata de um dom que possuímos ou não, e que, portanto, nada podemos fazer para adquiri-la. Acredite ou não, Zidane trabalhou duro para chegar a ela. Ele teve facilidades e possuía um dom, mas o trabalho fez dele tudo o que ele podia ser. O mesmo se deu com Philippe Petit. Ele admitiu voluntariamente: "Eu não uso rede de segurança, mas uso uma rede psicológica feita de detalhes." Antes de se lançar no vazio entre as torres gêmeas, ele não economizou horas. Pensou somente nisso durante meses. Fragmento por fragmento, como um artesão dotado de paciência medieval, ele construiu seu mosaico, aquele momento perfeito. Para alguns minutos de graça, anos de preparação. Ele previne: "Trata-se de uma profissão — sóbria, rude e enganosa. E aquele que não quer conduzir uma luta encarniçada de esforços vãos, perigos profundos e armadilhas, aquele que não está pronto para dar tudo de si a fim de se sentir vivo, não deve se tornar funambulista." Sobretudo, não pode se tornar um. Suas recomendações são simples: "Trabalhe sem descanso. É preciso que, pouco a pouco, o fio faça parte de você." É somente "após longas horas de treinamento que chega o instante em que a dificuldade já não existe. Tudo é possível, tudo parece leve". No fim, portanto, a facilidade. Não no início. Mas após quantas horas de treinamento? "Não espere muito de um trabalho sério que dura apenas algumas horas", preveniu ele. "A pele deve absorver o treinamento." Quando se dizia, na época de Édith Piaf, que tínhamos alguém tatuado na pele, isso queria dizer que nada podíamos fazer, não tínhamos escolha: o amor é sim ou não, nada podemos, ele acontece. O amor à primeira vista é como a amizade de Montaigne: "Porque era ele, porque era eu." Trazemos o amigo ou o amado tatuado na pele. Ou não. Ao passo que, no futebol, no funambulismo, no violão, no piano, na dança e em todas as atividades que dependem de gestos especializados, é preciso incorporá-los. À custa de esforço, suor e tempo. Todo mundo sabe que o trabalho é necessário. Não podemos passar do sofá diretamente para o pódio apenas lançando um dado ou pronunciando uma fórmula mágica. Mesmo para dominar a magia, é preciso ir à escola. Pergunte a Harry Potter. Toda facilidade é resultado de uma dificuldade conquistada. Como dizem os militares: "treinamento difícil, guerra fácil." Não há escapatória. O que chamamos de talento, quando visto mais de perto, não é sempre trabalho mais ou menos oculto? E quando falamos de genialidade, não se trata, na verdade, de trabalho clandestino? Ninguém coloca em dúvida a necessidade de treinar, mas a questão é: *quanto?*

Você se lembra de Malcolm Gladwell? Trata-se de um autor da The New Yorker cujos livros adoro ler no avião ou no aeroporto (ou, não vou mentir, tranquilamente em casa). Em *Outliers*, que significa "exceções", "aberrações" ou "casos únicos" — e designa aqui os sucessos excepcionais —, Gladwell responde precisamente à pergunta "quanto?": 10 mil horas é o "número mágico da excelência". Você quer se tornar excepcional em algum domínio? É "fácil": basta consagrar a tal atividade 10 mil horas, ou, mais ou menos, dez anos. O engraçado é que Stendhal chegou exatamente à mesma conclusão: "Escreva todos os dias durante uma ou duas horas. Genialidade ou não." Dez anos escrevendo uma ou duas horas por dia somam entre 3.652 e 7.304 horas (contando os anos bissextos). Não estamos longe das 10 mil horas. Bastaria escrever entre duas e três horas por dia para chegar a elas. Stendhal parece dizer, como Gladwell, que aquilo que erroneamente consideramos genialidade é simplesmente resultado do trabalho e, para ser preciso, do trabalho de dez anos.

Por que dez anos se, trabalhando dez horas por dia, chegaríamos a 10 mil horas em mil dias, isto é, em menos de três anos? Porque não basta acumular horas de prática, é preciso que essa prática seja *deliberada*, que constitua um *esforço* para chegar a um objetivo específico, um saber ou um gesto que ainda não dominamos. Dito de outro modo, é preciso que sintamos o tempo passar, que não seja fácil. Isso não tem nenhuma relação com as supostas dez horas diárias de Zola ou Flaubert, que são considerados monstros do trabalho, embora passassem a maior parte do tempo buscando a palavra exata e refinando suas frases, assim como Giacometti, em seu ateliê, "remexia a terra" — ou seja, exercitando seu bom gosto, o que requer que muito tempo seja desperdiçado de propósito, e é uma forma de despreocupação. Não tem nenhuma relação, em todo caso, com um esforço *contínuo*. Três a quatro horas por dia de prática deliberada, de preferência divididas em várias sessões, são o máximo, pois o esforço da atenção é esgotante. O restante do dia deve ser consagrado ao repouso ou a atividades comparativamente menos intensas: leitura, reflexão, estratégia, passatempos relacionados etc. Com três ou quatro horas por dia, com um dia de descanso por semana e duas semanas de férias por ano, temos mil horas anuais ou 10 mil horas em dez anos.

Assim, bastam dez anos para alguém se tornar *outlier*, um caso excepcional. Diga-se de passagem que é possível notar uma contradição entre o título do livro e seu conteúdo, uma vez que, por definição, é impossível generalizar a partir de casos únicos. Embora seja possível que uma exceção confirme a regra, não vejo como estabelecer uma regra unicamente a partir de exceções. Mesmo assim, Gladwell propõe uma "regra das 10 mil horas", ilustrada por exemplos como os Beatles ou Bill Gates. Se você acha que eles são geniais, explica Gladwell, não entendeu a parte essencial de suas histórias. A genialidade é, no fundo, uma ideia indolente. Ela permite pensar que aqueles que têm sucesso só precisaram nascer, quando, na verdade, foram as circunstâncias que permitiram que fossem excepcionais, ao lhes oferecer a chance de trabalhar mais que os outros. No caso dos Beatles, por exemplo, Gladwell conta como seu agente, quando eles ainda eram iniciantes, decidiu enviá-los a Hamburgo, onde deveriam fazer diversas apresentações em clubes, várias vezes ao dia, durante meses. O que parecia um calvário foi uma oportunidade para eles, que ganharam experiência e maturidade e avançaram em suas 10 mil horas, enquanto grupos que permaneceram em Liverpool só tocavam algumas horas nos fins de semana. Essa vantagem competitiva permitiu que estivessem muito à frente quando retornaram à Inglaterra, e teve um papel importante em seu sucesso. Bill Gates? Mesmo fenômeno. Na época em que começou a se interessar por computadores e programação, ele precisava esperar uma semana para ter alguns preciosos minutos diante do único computador da universidade. Mas sua mãe, que trabalhava em um hospital, conseguiu acesso ao computador do trabalho, que ficava parado durante a noite: Bill Gates aproveitou a oportunidade e acumulou horas de experiência todos os dias — ou melhor, todas as noites. Isso se transformou em enorme vantagem competitiva alguns anos depois, quando ele se lançou na rota dos computadores pessoais. Você acha que os Beatles foram o Rimbaud da música pop e Bill Gates o Mozart da informática? Você está enganado. Eles foram simplesmente trabalhadores sérios, artesãos dedicados, possivelmente operários inspirados, mas, sobretudo, foram indivíduos que cumpriram suas horas. Além disso, Rimbaud, esse suposto poeta genial, autor dos famosos versos "Ninguém é sério aos 17 anos", era muito sério e venceu o concurso geral de versos latinos com apenas 15 anos. Rimbaud, o poeta maldito, cuja obra inteira teria sido produzida antes dos 20 anos, era, acima de tudo, um excelente aluno e um monstro do latim, idioma em que escrevia fluentemente, sem precisar de dicionários. Entre a composição de poemas, redigidos desde muito jovem, o estudo do latim e a leitura aprofundada, ele deve ter se aproximado sem problemas das 10 mil horas. E quanto a Mozart? Iniciado pelo pai violinista nas sutilezas do cravo quando tinha apenas 5 anos, aos 14 ele foi capaz de reproduzir *Miserere*, de Allegri, uma obra complexa que dura 15 minutos, depois de tê-la ouvido apenas uma vez. Você ficou admirado? Mas a conta é válida: Mozart, aos 14 anos, já havia cumprido com folga suas 10 mil horas. Rimbaud e Mozart não saíram do nada. Eles apenas começaram cedo.

Fácil

Dez mil horas em dez anos parece razoável, dirá você. Um objetivo sério sem ser inatingível. Mas como Malcolm Gladwell chegou a essa estimativa precisa, que tem a vantagem de ser um número redondo? Tudo começou com um estudo de 1993 conduzido por K. Anders Ericsson (Universidade Estadual da Flórida) e dois outros psicólogos na academia de música de Berlim, famosa por sua excelência. Vou resumir o estudo: pegue trinta estudantes de violino, escolhidos pelos professores, e os divida em três categorias com dez estudantes cada: os "melhores", futuros solistas internacionais; os "bons", futuros músicos de orquestra; e os "menos bons", classificados como futuros "professores de música" (sem comentários). Ao conversar com eles, você descobrirá que todos começaram por volta dos 8 anos e decidiram se tornar músicos lá pelos 15. Todos consagraram 50,6 horas semanais ao estudo da música. Aparentemente, todos passaram a mesma quantidade de tempo trabalhando com seus instrumentos, com uma diferença: os dois primeiros grupos consagraram à prática pessoal, ou seja, ao trabalho solitário, 24,3 horas por semana, contra somente 9,3 horas no caso do último grupo. Outra diferença notável: os violinistas dos dois primeiros grupos estimaram dormir 60 horas por semana, contra 54,6 horas no último grupo. Assim, mais trabalho individual e mais repouso. Mas, por enquanto, nenhuma diferença entre os "melhores" e os "bons". É quando pedimos a eles que estimem, retrospectivamente, o número de horas acumuladas desde que começaram a tocar violino que descobrimos que, embora os dois primeiros grupos tenham a mesma quantidade de mesmas horas semanais de prática pessoal, os melhores começaram mais cedo. Aos 12 anos, já tinham mil horas a mais que o último grupo. Aos 19 anos, os futuros solistas tinham, em média, 7.410 horas de prática solitária, os bons contavam com 5.301 horas e os "futuros professores", 3.420 horas. Assim, os psicólogos concluíram que havia "total correspondência entre o nível de competência dos grupos e a média acumulada de prática solitária do violino". Como resultados similares foram observados entre os pianistas, os pesquisadores estimam que os músicos que chegaram à maestria, qualquer que seja seu instrumento, acumularam, em média, 10 mil horas de prática ao chegarem aos 20 anos. Ou, mais precisamente, de "prática deliberada", aquela em que voluntariamente fazemos exercícios difíceis e que exigem esforço. Essa prática é solitária por definição, por ser mais arriscada e preferirmos nos poupar do julgamento dos pares. Em um artigo intitulado "O papel da prática deliberada na aquisição do desempenho magistral",[7] os autores estenderam sua conclusão aos esportes. Nos esportes, como na música, o que tomamos por dom, por talento inato, nada mais é que o resultado de anos de treinamento sério. A partir de aproximações e generalizações, o estudo realizado com trinta violinistas se transformou na "regra das 10 mil horas", segundo a qual elas são tanto necessárias quanto suficientes para que alguém se torne mestre naquilo que quiser. A mensagem é encorajadora, democrática e igualitária, pois supõe que "quando queremos, podemos" e que o trabalho pode nos levar tão longe quanto quisermos ir. Mas também tem como consequência o aumento do treinamento precoce das crianças, nos esportes e na música, e confirma o preconceito segundo o qual, se não progredimos em algum domínio, é por falta de trabalho. A mensagem, portanto, é ao mesmo tempo libertadora (tudo é possível) e culpabilizante (se não conseguiu, foi somente por sua culpa). O "número mágico da excelência", como Gladwell modestamente o nomeia, pode facilmente se tornar o número da estigmatização.

Dan McLaughlin, que leu Gladwell — talvez no avião — e levou o número a sério, decidiu, em 5 de abril de 2010, seu aniversário de 30 anos, deixar tudo de lado para se dedicar ao golfe, com o objetivo de se tornar profissional ao fim de 10 mil horas. Para que a experiência fosse convincente, seria necessário que ele não tivesse atributos físicos específicos e que jamais tivesse jogado golfe. Era o caso. Ele se descreveu como uma pessoa perfeitamente mediana. Se funcionasse para ele, funcionaria para qualquer um. McLaughlin criou um blog e se lançou na aventura. Consultou Ericsson, o autor do estudo sobre os violinistas berlinenses, para organizar de que forma empregaria seu tempo, e contratou um instrutor profissional para corrigir seus movimentos. Seis horas por dia, seis dias por semana. Seis horas eram quase o dobro da quantidade "normal". Nesse ritmo, ele deveria acumular suas 10 mil horas e se tornar profissional ao fim de 2016.

Mas não é tão simples. O próprio Ericsson reconheceu que seu estudo tinha um número muito pequeno de participantes para ser generalizável. Além disso, tratava-se de participantes que já haviam sido selecionados e formados. Era impossível diferenciar o que neles era inato ou adquirido, a parte do talento e a parte do trabalho. O estudo foi construído de maneira a descartar tudo que pudesse revelar um dom natural. Foi igualmente um estudo retrospectivo, e as estimativas fornecidas pelos violinistas podiam ter uma variação de quinhentas horas. Por fim, e acima de tudo, as 10 mil horas são somente uma *média*. Em média, os melhores trabalharam 10 mil horas. Mas não conhecemos a variação, ou seja, a distância da média dos participantes do estudo.

David Epstein identificou esse detalhe que não é um detalhe e se propôs a estudar xadrez. O xadrez é diferente do violino. Como os jogadores são classificados segundo um sistema internacional de pontos, o Elo (em homenagem a seu criador), é possível conhecer o nível exato de um jogador e acompanhar seu progresso com precisão. Em 2007, os psicólogos Guillermo Campitelli e Fernand Gobet realizaram um estudo com 104 jogadores em diversos níveis. Um jogador médio tinha cerca de 1.200 pontos. Um Mestre, entre 2.200 e 2.400. Um Grande Mestre, mais de 2.500. Para atingir o limiar de 2.200 pontos e se tornar profissional, eram necessárias, em média, 11.053 horas, ou seja, um pouco mais que as 10 mil horas necessárias aos músicos. Para complicar, o número de horas variava entre 3 mil e 23 mil. Uma diferença de 20 mil horas ou vinte anos de "prática deliberada"! Alguns, portanto, deveriam treinar oito vezes mais que os outros para chegar ao mesmo nível. Há jogadores que acumularam 25 mil horas sem chegar ao nível de Mestre. E nada diz que chegarão algum dia. Isso também ocorre nos esportes. Um estudo com triatletas mostrou que, no mesmo nível, podemos encontrar diferenças de fator 10, isto é, alguns treinaram dez vezes mais que outros para chegar ao mesmo patamar. Além disso, com o mesmo treinamento, observamos o que os sociólogos chamam de "efeito Mateus" — nome que vem do evangelho onde está dito que, aos que têm, será dado em abundância, mas, aos que nada têm, será tirado mesmo o que têm. Isso não é completamente exato, pois o treinamento funciona para todos, mas, longe de compensar as diferenças naturais, ele as torna irremediáveis. Os melhores se tornam melhores mais rapidamente que os bons, e sequer falaremos dos outros.

Segundo a regra das 10 mil horas, o número de horas de treinamento deveria explicar a diferença. Mas, de acordo com outro estudo realizado pelo próprio K. Anders Ericsson, não com violinistas, mas com jogadores de dardos, após quinze anos de prática podemos atribuir ao treinamento somente 28% da variação do desempenho. Dito de outro modo, podemos treinar a vida inteira sem jamais superar a distância em relação aos melhores nem chegar à verdadeira maestria. A regra das 10 mil horas, concluiu David Epstein com humor, deveria se chamar regra dos 10 mil anos.

Em todo caso, fazer 10 mil horas de esforço em um domínio não garante, de modo algum, que chegaremos à maestria. É preciso ter, ao mesmo tempo, o hardware inato (o "cabeamento", o "computador") fornecido pela natureza, e o software (o "programa") adquirido com o treinamento. Para chegar à maestria, não há número mágico que permita substituir o dom pelo trabalho. São necessários ambos. O dom sem trabalho permanece infrutífero; o trabalho sem dom é estéril. Nos dois casos, trata-se de um desperdício. Não treinar quando temos um dom é uma pena, mas treinar quando não o temos é nocivo. Expomo-nos a ferimentos inúteis, tanto físicos quanto narcísicos, e a tenacidade ou abnegação se converte em cegueira e vã obstinação.

Dan McLaughlin sabe bem disso, pois teve de renunciar a seu programa, o "Plano Dan", em 2015, em função de uma dor nas costas que o forçou a interromper a "prática deliberada" e, para dizer a verdade, qualquer prática. Acidente? Fadiga? Somatização? Suas 10 mil horas foram carregadas nas costas. Ao fim de 6 mil horas, seu corpo disse "chega!". Após dois anos de silêncio e negação, no limite da depressão, ele concluiu a experiência em 2017, com uma última mensagem no site que criara em 2010 para registrar seu progresso:

Peço desculpas por ter levado quase dois anos para escrever isto. Jamais pretendi mudar de direção e aposentar os tacos. Após passar muito tempo com o coração pesado, aceitei minhas limitações físicas e percebi que teria de fazer outra coisa. Foi apenas recentemente que consegui admitir que tudo tinha acabado, e, mesmo assim, foi como se eu não aceitasse completamente essa realidade [...]. Não estou feliz por ter renunciado ao golfe, mas, após ter tido tempo para digerir tudo, percebi que certas coisas não dependem de nós, e não se trata do que queremos fazer em um mundo ideal, mas do que fazemos nas circunstâncias que nos são apresentadas.

A verdadeira coragem, para ele, consistiu em reconhecer seus limites, sua humanidade, renunciar ao desejo de onipotência e descobrir o preceito estoico segundo o qual, se queremos ser felizes, basta fazer o que depende de nós e deixar o restante para os deuses. A experiência lhe ensinou algo, e seu fracasso foi um sucesso, pois ele tomou consciência de sua realidade física e da realidade em torno de si. Uma vantagem foi que ele só precisou de 6 mil horas para entender isso e se tornar mestre em estoicismo, ou seja, 4 mil horas a menos que o previsto. Isso se não contarmos os dois anos de dúvida e de negação, isto é, $365 \times 2 \times 24 = 17.500$ horas de "depressão deliberada" (pois a depressão dura 24 horas por dia), necessárias para que ele compreendesse que a regra das 10 mil horas não existia ou não era válida em seu caso. A "regra" das 10 mil horas é lisonjeira, pois nos permite crer que, com suficiente trabalho, tudo repousa sobre a vontade individual e o esforço. Se o desempenho fosse somente uma questão de treinamento, se realmente bastassem 10 mil horas para apagar as diferenças naturais, por que continuaríamos a separar homens e mulheres durante as competições? Porque, como mostrou David Epstein, não basta querer para poder. Todavia, acreditar que não nos tornamos campeões de golfe após 10 mil horas porque não trabalhamos o suficiente é tão errôneo quanto acreditar que um campeão não precisa treinar, só precisa ser ele mesmo para vencer. A tentação das 10 mil horas, não obstante seu perfume igualitário, é uma ilusão ainda mais nefasta que a tentação inversa de desleixo. Não podemos nem economizar no treinamento nem exceder nossos limites. Portanto, o correto não é dizer "quando queremos, podemos", mas "quando podemos, temos razão em querer".

E sim, é verdade que Zinedine Zidane, quando fez dois gols de cabeça contra o Brasil na final da Copa do Mundo de 1998, tinha 26 anos. Desde seu início no AS Cannes aos 14 anos, ele ultrapassou com folga as 10 mil horas. E os treinamentos no Juventus de Turin, onde evoluiu até 1998, tinham uma duração legendária. Zinedine ralou muito antes de se tornar Zidane. Philippe Petit, quando se lançou entre as torres gêmeas em 1974, estava prestes a comemorar seu aniversário de 25 anos. Desde que começara a treinar, também completara suas 10 mil horas. E tinha experiência com grandes alturas: em 1971, caminhara sobre um cabo entre as torres de Notre-Dame. Em 1973, entre os pilares da ponte da baía de Sydney, a maior ponte do mundo.

Mas pergunte a si mesmo, de maneira simples e honesta: após refletir, e sem questionar a virtude do esforço, você realmente acha que, com 10 mil horas, poderia, se não se tornar campeão do mundo, ao menos chegar a um nível muito elevado na disciplina de sua escolha? Se hesitou em responder, eis outra pergunta, que deve fazê-lo concordar comigo: você realmente acha que bastaria treinar 10 mil horas para ter coragem de caminhar sobre um cabo estendido a 400 metros de altura? Ou, para sermos mais modestos e começarmos de baixo, entre as torres de Notre-Dame?

– 4 –

A EXPERIÊNCIA DA GRAÇA

O divino não requer esforço.
Ésquilo

Yannick Noah adora música. Quando canta, ele flutua. Quando dança, só conhece a felicidade. Um dia, fará disso sua profissão. Por enquanto, é jogador profissional de tênis. Ainda não conquistou Roland-Garros. Em 6 de novembro de 1982, às 7 horas da manhã, ele se diverte com um grupo de amigos na pista de uma boate em Toulouse, caindo de bêbado. Dali a seis horas, às 13h em ponto, terá de disputar uma final contra o tcheco Tomas Smid. É isso que acontece quando não sabemos dizer não aos colegas que propõem sair para tomar só um drinque. Quando a boate fecha, já é dia. Sem saber por que, ele se despe, atira as roupas sobre o espantado grupo de pessoas reunido na feira, cai na sarjeta e volta ao hotel de cuecas. Quando finalmente fecha os olhos, precisa reabri-los — você conhece a sensação de ter dormido somente alguns minutos, embora o relógio prove o contrário. 12h10. Café preto, croissants, aspirina, remédio para ressaca. Em pouco tempo, ele está na quadra. Contra todas as expectativas, sobretudo as suas, ganha por 6-3, 6-2, em um estado de torpor.

Fácil

O que aconteceu? Qual é a moral desse episódio? Primeira observação: nem sempre há moral no esporte, embora haja lógica. A ressaca não é recomendada como método de treinamento ou preparação para grandes provas, mas, dessa vez, funcionou: em vez de ficar sozinho no quarto, pensando na partida do dia seguinte e tendo insônia, farrear a noite toda permitiu que Yannick Noah esquecesse a preocupação. Com o cérebro liberado de toda inquietude, o atleta, mais repousado do que imaginava, jogou completamente relaxado, pois não tinha nenhuma expectativa. Sua relativa indiferença pelo resultado lhe permitiu confiar inteiramente em seu corpo e experimentar a famosa "entrega", o suposto remédio milagroso contra o estresse da vida moderna, que, quanto mais tentamos obtê-lo, mais nos escapa. É normal. Se eu lhe disser para "se entregar", você empregará toda sua vontade nesse objetivo e ficará tenso. É como um cachorro que corre atrás do próprio rabo: é impossível relaxar se você só pensa nisso! Ao passo que, graças ao álcool, o corpo funciona no automático, sem ser atrapalhado pela consciência. É uma forma de esquecimento do eu, de não pensamento, um estado zen espontâneo em que conseguimos tudo porque nada queremos. Para chegar a esse estado, o relaxamento é uma condição necessária. É preciso confiar totalmente no próprio corpo e lhe entregar o comando. Sim, é parecido com a embriaguez! Não há certeza, mas tudo indica que a noite passada em claro, bebendo, é o que mais se aproxima do estado de graça. O funambulista Philippe Petit acredita ter tido a mesma experiência que Yannick Noah: "Bêbado, experimentei ser um corpo que sabe que não precisa de condutor."[8] A condução do corpo em estado de embriaguez, em piloto automático, a permissão que lhe damos para se conduzir sozinho, não pode ser usado como método, mas surge aqui como prova de que é possível deixar o corpo agir por si mesmo quando ele *sabe*. Se ele sabe, dirá você, é porque aprendeu, durante longas horas. Funambulista ou tenista, para confiar em seu corpo a ponto de deixá-lo agir por si mesmo é preciso, evidentemente, tê-lo treinado. Por muito tempo. Ou melhor, é preciso tê-lo preparado.

A experiência da graça

Não é uma questão de tempo, como vimos no capítulo anterior. Mas, então, é uma questão de quê?

No ano seguinte, em 1983, dessa vez sóbrio e bem preparado, Yannick Noah venceu em Roland-Garros. Quando fez o ponto da vitória, teve "a sensação de não tocar a terra, de voar, de ser mais leve que o ar. Como em um sonho? Não, diferente... diferente de tudo!"[9] Ele só reencontraria esse estado mais uma vez, anos depois, em certa manhã, na cama, entre sonho e realidade: a "felicidade em estado bruto. Dos dedos dos pés às pontas do cabelo, eu sou a felicidade. Nada pode me tocar. Vinte segundos. Não vejo, mas sinto a presença de meu avô". Seu avô, que já não pertence a este mundo, mas nele se manifesta. Foi uma experiência mística e, sobretudo, física. Infelizmente, em ambos os casos, ela não dura muito. Mas, quando conhecemos tal felicidade, é impossível esquecê-la. Só queremos uma coisa: senti-la novamente.

Zinedine Zidane poderia dizer o mesmo em relação à Copa do Mundo de 2006. Embora tivesse saído da equipe da França em 2004, ele subitamente decidiu retornar para um final apoteótico, depois de ter uma conversa noturna, como em um sonho, com um interlocutor misterioso que o teria convencido a usar novamente o uniforme azul. Ele não deu detalhes, mas a confissão foi surpreendente, vinda de um jogador tão reservado. Foi, ao mesmo tempo, seu retorno e seu adeus: "Para mim, foi tudo. Coloquei tudo naquilo, tudo que havia em mim."[10] Ele, que alguns diziam estar velho demais, que alguns pensavam estar acabado, que a cada partida podia estar jogando a última, nunca fora tão bom. Espanha e Portugal sofreram as consequências. A partida mais bonita, como em 1998, foi contra o Brasil, dessa vez nas quartas de final de 1º de julho de 2006, em Frankfurt. Uma partida perfeita do início ao fim. Cada vez que ele tocou a bola, tocou a genialidade. Jean-Michel Larqué, ex-jogador internacional e legendário comentarista do time da França, com a reputação de ser muito crítico, ficou maravilhado: "Jamais vi um jogador fazer aquilo em campo. Uma obra de arte." Zidane foi um pouco mais prosaico: "Mergulhamos imediatamente na partida [...].

Estávamos enfrentando o Brasil, mas não ligávamos; se perdêssemos, paciência." Paradoxalmente, havia o fato de o Brasil ser tão forte que tornava fácil jogar contra ele: não havia nada a perder. Menos ainda que em 1998, pois não era sequer uma final. No corredor que levava aos vestiários, o clima entre os jogadores era visivelmente relaxado: eles riam e se abraçavam, felizes por jogar juntos. Às vezes, joga-se contra; daquela vez, jogou-se junto. O Brasil não era um adversário como os outros, mas o sonho de todo jogador. Sem qualquer pressão, só prazer. E era possível sentir isso. Zidane relatou: "Estávamos realmente envolvidos na partida, imersos nela. Tínhamos a sensação de que nada podia nos atingir. Estávamos nos divertindo, jogando com prazer. Especialmente quando fazíamos gol. Quando fazíamos gol, tínhamos a sensação de estar nas nuvens." Bixente Lizarazu, que também estava em campo, confirmou: "Foi uma partida angelical, nunca vi nada parecido. Ele dava a impressão de não ser humano." Zidane, modesto, mas consciente de ter sido excepcional: "O que você quer que eu diga? As pessoas têm a impressão de que fiz gestos incomuns. Disseram que, naquela noite, o brasileiro foi Zidane. O que eu sei é que, sozinho no campo, nada teria feito." Graças ao espírito de equipe ou, talvez, apenas ao espírito, houve uma sensação de invulnerabilidade, de perfeição, de eternidade que sobreviveu ao tempo regulamentar: "Estávamos no vestiário e ainda queríamos jogar, de tão bom que tinha sido. Foi bom demais. Foi..." Zidane sorri, perdido em suas memórias. Naquela noite, pela primeira e última vez em sua carreira, ele dançou nu sobre a maca do fisioterapeuta. Não há palavras para descrever isso. Yannick Noah, que assistiu à partida, como todo mundo, tentou encontrá-las:

    Ele estava em estado de graça. Eu busquei esse estado, trabalhei com ele, tentei transmiti-lo, dissecá-lo. Há dias nos quais, subitamente, você domina todos os elementos, e as coisas se tornam naturais, porque há quinze anos você trabalha nisso e, sem saber o motivo, de supetão, é tomado pela graça. Eu me lembro de numerosos gestos, da vitória, é claro, mas de numerosos gestos e, sobretudo, de seu rosto [...]. Seu rosto me causou arrepios, de tão extraordinário. E ele olhava para o céu o tempo todo. Era...

Noah também se perde na beleza da lembrança, e chega à mesma conclusão que Zidane: decididamente, não há palavras para descrever "momentos raros como esse".

Quando sua carreira como jogador chegou ao fim, Yannick Noah se tornou capitão da equipe francesa na Copa Davis, que venceu em 1991, 1996 e, após um longo intervalo, 2017. Desde que passou a treinar outros jogadores, ele reflete sobre as condições que permitem a superação, individualmente ou em grupo. Ele não gosta muito de falar de estado de graça, mesmo que o tenha feito em relação a Zidane. "É uma bela expressão, mas tem o defeito de permitir supor que a pessoa que está nesse estado não controla verdadeiramente o que lhe acontece. Ora, é justamente o oposto."[11] É por isso que ele prefere a expressão "na zona", de origem americana (*in the zone*), que, ao contrário do estado de graça, supõe maestria total. Quando estamos "na zona", jogamos com perfeição sem precisar pensar nisso, pois tudo se torna instintivo, natural, fácil. Contamos com as vantagens da embriaguez sem as desvantagens da ressaca. Podemos entrar e sair de tal "zona" por acaso, mas o objetivo é fazer isso de propósito. A graça é recebida, é uma palavra de origem religiosa que supõe uma forma de passividade ou oração; a zona é conquistada, sinônimo de atividade, diligência, território que podemos ocupar. A graça é um estado, a zona é um espaço. Etimologicamente, "zona" vem do grego "cinto". Quanto a mim, prefiro falar de "ponto de ação", o ponto em que coincidimos com nosso eu e já não há distância entre intenção e ação. O ponto de ação é um ponto de naturalidade, em que você não precisa pensar no que vai fazer, pois já está fazendo. É o ponto em que você está ao mesmo tempo o mais tranquilo e o mais ativo possível, um ponto de concentração e de esquecimento em que, em grau máximo, você é você, porque já não pensa em você. Nesse ponto, tudo que faz se parece com você e corresponde a sua ideia de vida. É o ponto em que tudo se assemelha e faz sentido, um ponto de concentração em que sua relação com você mesmo, com os outros e com o mundo é harmoniosa. É um ponto feliz, um ponto que é tudo.

Pouco importa se você gosta ou não de esportes, se os pratica ou não: a questão da facilidade ou da graça concerne a todo mundo e a todos os domínios da vida. O esporte vale como exemplo particularmente fácil de compreender. Percebemos quando alguém não está "em seu corpo" ou quando, ao contrário, está totalmente "na partida" ou "na corrida". Françoise Sagan, para descrever seu ponto de ação, seu momento de graça na escrita, também usou uma metáfora esportiva:

Quando as coisas "encaixam", é como uma máquina lubrificada que funciona perfeitamente. É como ver alguém correr 100 metros em dez segundos. Vejo o milagre das frases que se acumulam e a mente que funciona quase fora de si mesma. Eu me torno minha própria espectadora. Nesses momentos, escrevo com muita facilidade, sem parar. É formidável quando isso acontece. São momentos verdadeiramente abençoados. Sim, às vezes me sinto a rainha das palavras. É extraordinário, é o paraíso. Quando acredito no que escrevo, sinto imenso prazer. Sou a rainha da terra.[12]

A pianista Hélène Grimaud, tão célebre por seu amor pelos lobos quanto pela beleza de suas interpretações, estima que o intérprete está "em estado de visitação". Ele "vibra" com a intuição de uma presença, de uma "luz que de um só golpe ilumina os pensamentos e controla o corpo". O vocabulário já não é esportivo, mas religioso e sobrenatural. "O trabalho de um pianista é preparar o momento da visita. Quando entro no palco, estou sozinha; quando começo a tocar, não estou. Uma presença me protege. Essa presença seria a música? Os compositores que interpreto? Quando me desdobro e me vejo tocando no exato momento em que toco, às vezes noto uma luz que cobre todo o piano e sei que eles são essa luz." Esse desdobramento se parece com o evocado por Françoise Sagan, que também fala de um "milagre" no qual ela é sua própria "espectadora", do "paraíso", de um estado no qual ela está "quase fora de si mesma". Hélène Grimaud se contentou em suprimir o "quase" — que não faz seu gênero — e descreveu uma experiência ao mesmo tempo mística e física, como convém aos verdadeiros místicos. Ela se torna "feiticeira, médium" e convoca os espíritos dos compositores ao interpretar suas músicas. Podemos sorrir, estremecer ou simplesmente admirar que uma pianista profissional não se contente em interpretar, mas se arrisque a experimentar a música em estado profético. Além disso, podemos ter um momento de iluminação sem sermos iluminados, e Hélène Grimaud é igualmente capaz de nos esclarecer sobre a natureza dessa iluminação, de descrevê-la por meio da análise. A experiência da graça é, inicialmente, uma modificação do tempo: quando o pianista "retorna a cada página da partitura, o senso do tempo, do futuro, vem até ele, em vez de ele se deixar levar até o futuro". Interpretar uma partitura é viajar no tempo ou, mais adequadamente, ver o tempo viajar até si. O pianista "confunde tudo em um presente sem limites e, no momento supremo, se eleva, arrebatado: a terra foge de seus dedos, ao longe".[13] Se o presente não tem limites, é natural que se una ao passado e permita entrar em contato com o compositor, que viveu experiências similares. Interpretar um trecho de um compositor é experimentar empatia por ele, reviver as mesmas coisas, sentir sua presença em sua obra. No fundo, não há nada de surpreendente: os artistas não são todos médiuns, capazes de se comunicar conosco, para além do espaço e do tempo, por meio de suas obras? Quem nunca teve a sensação de que um livro, um filme, uma música foram feitos para si? Os artistas são nossos irmãos de alma que buscam momentos de graça para dividi-los conosco. O paradoxo é que, em estado de graça, estamos tão intensamente "dentro" que mais nada existe, e não há o que dividir: "Há momentos", escreveu Schumann, "em que a música me possui por inteiro, em que somente os sons existem, de modo que é impossível transcrever". Quando "funciona", é impossível parar para escrever as notas na pauta. Quando não funciona, é a mesma coisa, não há muito que se possa fazer: "Ontem, o piano soou muito mal, como se alguém segurasse meu braço. Não quis forçar. Os problemas e a obscuridade pareciam submergir os seres e os céus."[14] Robert Schumann, como Hélène Grimaud, sabe que é preciso não forçar. É preciso preparar a visita, mas o trabalho não garante a iluminação. O trabalho é somente a sala de espera da graça.

A graça jamais está garantida, e até os melhores são forçados a esperar, como todo mundo. Mas, para conhecer essa graça, para se sentir rei ou rainha da terra, não é preciso ser campeão: o futebol, o tênis, a literatura ou a música só servem para enfatizar a unidade da experiência do ponto de ação, quando as coisas "encaixam", "funcionam", quando "é bom demais", quando "é..." impossível exprimir com palavras ou transcrever em notas, porque falar, assim como compor, é se afastar do que vivemos, sair da vida para observá-la e comentá-la, em vez de permanecer em seu "interior". A melhor maneira de falar do ponto de ação são as reticências...

Como chegar a esse ponto? Se você já experimentou a "zona", a "graça" ou o "ponto de ação", o melhor modo de retornar é reconstituir o caminho que lhe permitiu chegar até lá da primeira vez. Yannick Noah chama isso de "as pedrinhas do Pequeno Polegar". O que você fez nas horas que antecederam aquele momento? Em que ambiente estava? Que objetos e pessoas o cercavam? Em que pensava? E assim por diante. Pare e ceda espaço para as memórias e sensações. Anote tudo, mentalmente ou por escrito. Para Françoise Sagan, por exemplo, que falou muito com os jornalistas sobre esse assunto, é algo mais ou menos assim:

Eu trabalho à noite, porque é o único momento em que posso trabalhar tranquila, sem telefone, sem gente passando, sem ser perturbada. Trabalhar em Paris à noite é como estar no interior. Um sonho! Trabalho da meia-noite às seis da manhã. O dia é um monstro cheio de reuniões. A noite é um mar calmo. Ela é infinita. Eu amo ver o nascer do sol antes de ir dormir. Às vezes, escrevo um romance em vários períodos de dez, quinze dias cada. No meio-tempo, penso na história, devaneio a respeito, falo sobre ela. Perco algumas ideias. No interior, trabalho após o meio-dia. A graça do interior é poder levantar e caminhar lá fora, contemplar o verde, ver como está o tempo. À tarde, por volta das quatro, digo: 'Preciso trabalhar.' Eu reclamo, gemo, faço um teatrinho. E o engraçado é que, quando me entendo bem com a máquina de escrever ou a caneta, esqueço a hora do jantar. Isso não significa que escrevo melhor no interior. Posso trabalhar em praticamente qualquer lugar: em um banco, ao pé de uma árvore, viajando. Quando tenho uma história na cabeça, sou como uma mulher grávida. Ela não pensa o tempo todo no bebê, mas, de tempos em tempos, recebe um chute que a lembra da existência dele. [Às vezes,] é no meio da noite. Eu acendo a luz, procuro um lápis por toda parte, anoto a ideia em um pedaço de papel e, no dia seguinte, já a perdi. Faço muitas anotações, mas de natureza puramente imaginária. A preguiça é necessária. É, em grande parte, com tempo perdido que escrevemos livros — com devaneios, sem pensar em nada.

Yannick Noah dedicou um livro inteiro à questão de saber se existe um método para entrar na "zona" e estendê-lo a todas as áreas de sua vida: *Secrets etc...* (note as reticências no título). Sem revelar quais são esses "segredos", evocaremos alguns deles nestas páginas, e o primeiro talvez seja o mais importante: "Em 1991, quando decidi encerrar aos poucos minha carreira, a descoberta da ioga transformou fundamentalmente minha percepção da vida. Entendi que poderia ter jogado com prazer e descontração, mas, ignorando essas coisas, jogara com força e ferocidade." Ironicamente, foi no momento em que parou de jogar que Yannick Noah descobriu as virtudes da suavidade e do relaxamento. Ele está em uma posição muito particular: enquanto atuava como jogador, conheceu a graça uma única vez, em Roland-Garros em 1983, e jamais deixou de se perguntar o que faltou, nos anos seguintes, para chegar a ela novamente. A primeira condição para o surgimento da graça é não tentar forçá-la.

Zinedine Zidane também se questiona sobre a origem da graça que reconhecemos nele. Claro que ele não usa essa palavra. Desconfia dela, e com razão. Ele sabe, melhor que ninguém, o quanto trabalhou e os sacrifícios que fez desde a infância para chegar àquele nível. Mas também sabe, por ter passado várias vezes pela experiência, que há algo além — alguma coisa ou alguém acima do nível mais elevado e que diz a palavra final sobre essa história, sobre a *sua* história. Por que, por exemplo, embora não tenha marcado nenhum gol durante toda a Copa do Mundo de 1998, ele subitamente se revelou na final, fazendo dois gols seguidos contra o Brasil? Isso aconteceu quando realmente contava, quando contava em dobro. E, veja bem, dois gols de cabeça, que ele mesmo afirmou não ser seu ponto forte. Em outro exemplo, como, na final da Liga dos Campeões de 2002, após um cruzamento alto de Roberto Carlos que mais parecia uma bomba de rúgbi, ousou chutar a bola sem controle, com o pé esquerdo, em um voleio que terminou no canto superior do gol? Um gesto perfeito, de uma limpidez sobrenatural, como se seu corpo tivesse assumido o controle. Zidane comenta, em um documentário intitulado justamente *Zidane, un destin d'exception* [Zidane, um destino excepcional]: "Isso só acontece uma vez na vida de alguém. E, melhor ainda, foi na minha. Depois, a gente especula, a gente se pergunta 'Será que alguém me ajudou?' Eu sempre digo que alguém presta atenção em mim." Quem é esse "alguém" que pode tê-lo ajudado? Será que Zidane acredita em Deus? Ele não diz. Mas confessa se sentir acompanhado, protegido por uma força sobrenatural ou, ao menos, uma boa estrela.

Ao vermos Zidane fazer aquele gol, considerado um dos mais belos da história da Copa da Europa, temos a impressão de que foi fácil, de que bastou ele querer para conseguir. Sabemos que não seríamos capazes de imitá-lo. O interessante é que acontece o mesmo com ele. Aquele foi um gesto impossível de prever e de reproduzir, mesmo para Zidane. Ele diz tranquilamente que o que fez sem pensar naquela final jamais poderia ser reproduzido durante um treino. As palavras importantes aqui são "sem pensar". Foi uma jogada "sem controle", em todos os sentidos do termo. Como não refletiu, Zidane teve sucesso. Ou, para ser mais exato, ele teve sucesso porque não refletiu *e* porque era Zidane. Não basta não refletir para jogar tão bem quanto ele. Isso seria simples demais. Mas, quando se é Zidane, chega um momento em que não há mais necessidade de refletir, em que é melhor não refletir. Quando o futebol se torna uma segunda natureza, quando se tem um corpo que sabe, é preciso deixá-lo agir.

Assim, o mais notável nesse gol é menos o gesto em si que ter ousado fazê-lo naquele momento. Não era uma final qualquer, mas a final de um campeonato que Zidane já perdera duas vezes, em 1997 e 1998, pelo Juventus de Turin. Seu maior medo era perder novamente, daquela vez pelo Real Madrid, e se tornar, aos olhos dos colegas, do mundo do futebol e de todos, um "gato preto", portador da má sorte. O maior sucesso de Zidane naquele jogo de imensas apostas foi não ter permitido que esse medo o paralisasse. Como ele conseguiu? Ele não explicitou seu método, sequer tenho certeza de que empregou algum, mas descreveu seu processo mental ao fazer gestos excepcionais.

Quatro anos mais tarde, em 2006, na final da Copa do Mundo contra a Itália, ele teve de cobrar um pênalti aos sete minutos do primeiro tempo contra Buffon, um goleiro lendário e que o conhecia muito bem, pois eles haviam se enfrentado com frequência quando Zidane jogava no Juventus da Itália. Cobrar um pênalti é um teste mental incomparável. Sobretudo para um jogador tão famoso, que tem tanto a perder. Não converter um pênalti na final da Copa do Mundo seria indelével, irreparável, principalmente em se tratando da última partida de sua carreira. Ao cobrar um pênalti, a indecisão é o pior dos males, como disse Descartes alguns séculos antes da invenção do futebol. O próprio Zidane explicou que o pênalti é um gesto particular. Como não se trata de uma ação de jogo, mas de uma ação para a qual os jogadores se preparam, é impossível contar com o instinto: "É melhor saber de antemão onde bater, porque você pode ser surpreendido." É preciso decidir antes de começar, escolher um lado, a força e a altura do chute, e não mudar de ideia durante a cobrança. A menor dúvida, a menor hesitação —

ocasionada, por exemplo, por um movimento do goleiro — gera uma sanção imediata. Quando Zidane avançou para chutar, o mundo inteiro prendeu a respiração. Habitualmente, ele batia com a parte interna do pé direito, com muita força, e mirava no canto esquerdo. Contra toda expectativa, toda lógica e toda prudência, ele fez uma loucura: uma cobrança à Panenka (em homenagem a seu inventor). Ele bateu no meio do gol, direto para cima do goleiro, mas sem força, lançando a bola em uma curva ascendente, a fim de que ela caísse como uma "folha morta". Ele contou com a antecipação de Buffon, que já se lançara para a direita, para onde sabia que Zidane costumava chutar. Pego no contrapé, o goleiro italiano teve tempo de interromper o movimento e se virar para ver a bola entrar no gol após bater no travessão. Quase como se um tenista, no match point, tentasse um amortecimento improvisado sobre a linha, em vez do saque tranquilo e esperado. Yannick Noah ficou admirado: "Enquanto milhares de jogadores se apavorariam e tentariam garantir o gol, ele fez uma jogada dessas. É inacreditável, não?" Inacreditável, mas verdadeiro. Por que um gesto tão arriscado na final da Copa do Mundo e diante de milhares de espectadores? Se acreditarmos no que alega o principal interessado, ele não faz a menor ideia. Segundo Zidane: "Foi uma coisa instantânea. No momento em que coloquei a bola no chão e tomei impulso, aconteceu. Naquele momento, não antes. Tudo aconteceu em dez segundos. Eu pensei 'Muito bem, vou bater desse jeito'." Aparentemente, Zidane, desobedecendo a suas próprias recomendações, não sabia o que ia fazer antes de fazê-lo. Decidiu na hora. Mas, se escutarmos com mais atenção, logo antes de chutar, ele sabia. Zidane confirmou a segunda máxima de Descartes: para ser boa, uma decisão não exige muita — ou mesmo qualquer — reflexão. Ela simplesmente deve ser tomada e, sobretudo, mantida. Nesse caso, foi instantânea. Coincidiu, tanto quanto possível, com a execução. Não existia lugar para dúvida. Simplesmente não havia tempo. As coisas aconteceram tão rapidamente que não temos como saber se Zidane tomou uma decisão ou foi tomado por ela. Essa instantaneidade é a condição do sucesso. Assim, Zidane tem um método: mesmo que o pênalti não possa ser um gesto instintivo, ele o tornou tão instintivo quanto possível. Ele conseguiu, ao mesmo tempo, não pensar sobre ele e tomar uma decisão a respeito dele. Existe uma forma de cegueira ou de inspiração — são a mesma coisa — que permite ousar o impossível e ter sucesso. Trata-se também de uma forma de impessoalidade. Quando estamos no ponto de ação, é como se já não fôssemos alguém, como se nada, nem mesmo nosso próprio espírito, ficasse no caminho do que dita aquele momento. O ponto de ação é também, nesse sentido, um ponto de inação. Quando Zidane disse que "alguém presta atenção em mim", ele confessou não ter tido grande interferência no que fez. Ele apenas sabia que precisava fazer aquilo. Como se estivesse escrito e ele se contentasse em obedecer a seu destino. Ao mesmo tempo, ele reconheceu uma forma de premeditação em seu gesto: "Era preciso que fosse marcante." Zidane, em sua última partida, precisamente porque se tratava de uma final de Copa de Mundo e todos estavam assistindo, queria deixar sua marca. Não podia ser um pênalti como outro qualquer. Quando Noah se admira com o fato de Zidane não ter ficado paralisado pela enormidade da aposta, e ter se permitido aquela jogada, ele ignora um ponto essencial: a verdadeira aposta, para Zidane, não era "simplesmente" ganhar a Copa do Mundo pela segunda vez, mas entrar definitivamente para a história.

 A ideia de destino frequentemente é tomada por incitação à renúncia. Se tudo está escrito, podemos ser tentados a deixar a questão para as forças superiores e já não interferir em nossa própria vida, nada querer nem ousar, abandonar a partida. Ora, o destino, se corretamente concebido, não é uma força restritiva, mas libertadora. Se tudo já está decidido, não preciso temer e posso apostar tudo. O destino, longe de ser uma condenação, oferece a chance de ser eu mesmo. Afinal, trata-se do meu destino. A ideia de destino é um convite não à renúncia, mas ao relaxamento. E o relaxamento, explica Noah, permite jogar tão bem quanto possível. Quando somos libertados da responsabilidade e da angústia de jogar mal, não precisamos "pensar pequeno" e podemos dar adeus ao medo tanto de ganhar quanto de perder. Chegamos à pura alegria de jogar. Por nada, puramente por prazer.

A fé, qualquer que seja seu objeto, liberta o corpo do raciocínio. Nada é mais útil a quem realiza uma ação difícil que crer que ela já foi realizada em algum lugar. Talvez seja essa a razão de observarmos entre os boxeadores, particularmente na categoria mais perigosa, a dos pesos pesados, um fervor religioso tão grande. Ninguém jamais se esquecerá de Muhammad Ali, originalmente Cassius Clay, que se converteu ao islamismo. Ou de George Foreman, seu famoso desafiante durante o "combate do século" em 1974, em Kinshasa, que no fim da carreira se tornou pastor no Texas. Ninguém duvida que crer em um deus, qualquer que seja, ajuda a atravessar as provas e a aguentar a chuva de golpes. Sofremos menos quando acreditamos que esse sofrimento tem algum sentido. Temos menos medo se sabemos que Deus nos protege e olha por nós. O funambulista Philippe Petit, no momento em que dá o primeiro passo sobre o fio, também está muito próximo da fé religiosa. Mas, se chega a rezar, é aos deuses que vivem em seus pés e suas pernas, deuses dos quais sua vida depende e que, graças a um treinamento sem falhas, decidiram morar em seu corpo. Quando Philippe Petit foi preso na catedral de Saint John the Divine, em Nova York, a maior do mundo, por ter realizado uma performance ilegal caminhando sobre o fio, como já havia feito em Notre-Dame, o decano da igreja, James Parks Morton, ordenou que ele fosse solto imediatamente, porque, longe de ser um intruso, o funambulista pertencia à catedral: "O funambulista e a catedral são duas faces da mesma moeda. É uma tradição. Basta analisar os manuscritos medievais. Trata-se de um momento formidável, de vida e morte, de céu e inferno, é uma bela oferenda. Uma catedral é feita de pedra, mas um funambulista é uma catedral em movimento." Quando lhe perguntaram o que ele achava do fato de Philippe Petit não ser um crente, ele respondeu com humor: "Ele não precisa acreditar em Deus, porque Deus acredita nele."

– 5 –

ENCONTRAR A BOA POSIÇÃO

É a vida que busco, sempre a vida.
Auguste Rodin

A facilidade não é uma ideia, mas uma posição. Às vezes, basta um movimento, uma minúscula mudança para ficarmos confortáveis na poltrona. Isso é importante, porque passaremos nela o tempo necessário. A postura é determinante. Não se trata de obedecer a um imperativo escolar ou parental do tipo "Sente-se direito!" ou "Corrija a postura!", mas de encontrar a posição na qual nos sentimos mais à vontade. Tudo parte disso.

Antes de poder agir, é preciso saber receber. Não como a poltrona recebe nosso corpo, mas como uma antena recebe as ondas de rádio. Cabe a você posicionar a antena para captar claramente o que está no ar. Pois tudo já está lá, ao alcance das mãos. Qualquer que seja sua situação, a primeira coisa a determinar é a posição da antena, sua posição na poltrona. Para dizer a verdade, isso é tudo que há a fazer: deixar surgir essa posição, por si mesma. Espere que a posição o adote. A boa posição só pode vir de você, de seu corpo, sem comando ou ordem. Ela chega com facilidade ou não chega. Só há uma certeza: ninguém pode forçá-lo. Portanto, leve o tempo que precisar.

Fácil

Se você abriu este livro com a esperança de encontrar uma maneira de facilitar sua vida, comece realizando — agora, não mais tarde — esse sonho de facilidade. Confie em seu corpo. Relaxe e deixe que ele aja. Esse é o preâmbulo de qualquer mudança verdadeira. Para escapar das dificuldades, é inútil resistir a elas; acedemos à facilidade facilmente. A facilidade virá, se você lhe der uma chance.

Mesmo nas artes marciais — sobretudo nas artes marciais — a posição vem primeiro. É a o que aprendemos logo no início. Quando o corpo assume uma boa postura, a respiração é mais fácil, as articulações não sofrem, a energia circula e o repouso já é uma ação. Quando falei do tema deste livro a meu amigo Alexis, um matemático especialista em tempo que pratica ioga e tai chi chuan, ele me contou sobre François Roustang, um psicanalista singular. Aluno de Lacan, em alguns anos ele passou da análise, no sentido tradicional do termo, fundada sobre a linguagem, para a hipnose como método terapêutico. Atenção: não se trata da hipnose que vemos em filmes, na qual o paciente é vítima de uma manipulação que não deixa lembranças. Não. A hipnose é somente uma sugestão, que somos livres para seguir ou não, e que supõe outro estilo de consciência. Como quando proponho "Deixe-se chegar à posição que melhor lhe convém", em vez de "Coloque-se...", violento e limitado demais. A hipnose tampouco tem relação com a estratégia agressiva de certo comportamentalismo que nos obriga a adotar precisamente os comportamentos que nos assustam, com o suposto objetivo de nos libertar. Como se bastasse reviver o medo para fazê-lo desaparecer, como se o medo pudesse ser exaurido à força conforme fosse sentido, quando, na maioria das vezes, isso o aumenta, o confirma, o ancora no fundo do ser, e pode torná-lo definitivo em uma forma redobrada: o medo do medo. Temernos ter medo, e com razão, pois o temor já é um mergulho sem retorno. O medo está sempre adiantado em relação a seu objeto. Hubert Grenier, meu professor de filosofia na escola preparatória, dava o exemplo da praça de l'Étoile, em Paris, para os motoristas. É sempre antes que temos mais medo, *quando pensamos nela*. Quando estamos lá, nos viramos como podemos. Somos libertados do medo pela ação. É por isso que não é necessário, por exemplo, nos obrigarmos a entrar em um avião ou em um simulador de voo quando temos fobia ou a pular em uma piscina se temos medo de água. Basta, disse François Roustang, assumir agora, imediatamente, em sua poltrona, a postura desejável para solucionar a fobia. E a única postura desejável é a confortável. Note que o relaxamento é necessário para o conforto, mas o verdadeiro conforto não termina no relaxamento: "Uma posição confortável é julgada não somente pelo relaxamento, mas pela mobilização de todos os membros e todas as vísceras. Devemos sentir que todas as articulações estão flexíveis e prontas para o movimento, que uma energia circula sem entraves, como um sopro, da cabeça aos pés e dos pés à cabeça."

O filósofo Michel Serres emprega uma belíssima expressão: para evocar o corpo do tenista que sobe à rede ou do goleiro que espera a cobrança do pênalti, ele fala do "corpo possível". Claro, o corpo é sempre o que há de mais real. Mas, se consegue estar disponível para qualquer eventualidade, ou seja, se consegue nada antecipar para poder se adaptar ao que vier, ele se torna "possível", pronto para tudo. Ele está disponível da maneira mais aberta possível, sem deixar o raciocínio interferir com o que sente. O relaxamento não é o contrário da ação, mas sua condição de possibilidade. Quem quer agir deve ser capaz de um relaxamento completo, do qual a ação pode brotar como um raio. É estranho, mas o relaxamento funciona aqui como uma mola. Quanto maior for o relaxamento, mais concentrada e intensa será a ação. O relaxamento permite que a energia se acumule até poder explodir. Ou simplesmente circular. É o conforto que cura a fobia, não o sofrimento. O corpo, longe de se enlanguescer com esse conforto, torna-se disponível, pronto para nada em particular e, portanto, pronto para tudo. Em um corpo relaxado, a energia "circula sem entraves, como um sopro". Eis a primeira evidência, que, no entanto, soa como surpresa ou paradoxo: um corpo relaxado tem mais energia que um corpo tenso.

Antes de prosseguir, uma pergunta: como você representa a energia? Que imagem faz dela? Para você, a energia é um grande músculo em pleno esforço, como o bíceps de um fisiculturista ou de um boxeador peso pesado, ou, ao contrário, a silhueta longilínea e o movimento fluido de um maratonista etíope? Para ajudá-lo a responder, proponho uma visita à coleção privada de Auguste Rodin, acompanhado por ele. A peça da qual ele mais se orgulhava era precisamente uma estátua grega do herói Hércules, de força legendária, que realizou os famosos doze trabalhos. Como você o imagina? Se o vê como super-herói musculoso, com braços, pernas e peitorais enormes, ou como um salva-vidas de *SOS Malibu*, você está no caminho errado. "Trata-se de uma estátua", conta o crítico de arte Paul Gsell, "que em nada se parece com o enorme *Hércules Farnésio*. Ela é maravilhosamente elegante. O semideus, em toda sua orgulhosa juventude, tem o torso e os membros *extremamente delicados*."[15] Surpresa! A força de Hércules não é maciça, mas leve e vivaz, e seu vigor é esbelto. Ele tem a silhueta de um maratonista, não a de um sprinter cheio de esteroides. Se não, como poderia ter capturado a corça de Cerineia? A impressão de robustez que emana de seu corpo não vem de músculos imensos, mas da harmonia de suas proporções. "A força frequentemente se alia à graça", disse Rodin, "e a verdadeira graça é forte."

Rodin levou algum tempo para compreender esse paradoxo. Quando era jovem, ele confundia força com esforço. "Cheguei aos 35 anos sem ter ousado abandonar essa maneira falsa de trabalhar como escultor. Eu queria fazer coisas fortes, poderosas, mas, apesar de tudo que fazia, elas pareciam pequenas e sem vida. Continuei a trabalhar dessa maneira, mas sentia que não era a certa."[16] Sofrendo um bloqueio durante meses em relação a uma escultura que ainda não se chamava *A idade do bronze*, tentando desesperadamente evitar o fracasso, no fim de 1875 ele decidiu ir à Itália, primeiro a pé e depois de trem, para se encontrar com Michelangelo. Alguns dias em Roma e Florença foram suficientes para mudar sua vida e libertá-lo do academicismo. Nada no mestre florentino obedecia às regras que Rodin aprendera e, mesmo assim, suas esculturas eram *vivas*. O que Rodin buscava em vão havia anos, seguindo as regras artificiais da Academia, ele compreendeu de um só golpe em face da naturalidade das estátuas de Michelangelo. A evidência estava lá, diante de seus olhos: ele só precisava seguir a natureza, era fácil, mas ele teve de buscar em Roma o que, em suas próprias palavras, poderia ter encontrado em Paris ou qualquer outra cidade.

Alguns anos mais tarde, ele mesmo já um mestre, Rodin, sem negar a admiração por Michelangelo como escultor, manifestou profundas reservas sobre seu senso de arte. Como você vai perceber, tratava-se da questão da posição do corpo. Nas esculturas de mármore gregas, explicou Rodin, como as de Fídias, por exemplo, constatamos que tudo é harmonioso e finamente delineado: o corpo se mostra despojado de esforço, equilibrado, em repouso. Quatro direções produzem no corpo uma ondulação muito suave. Essa impressão de charme tranquilo é fornecida igualmente pela pose. O prumo que atravessa o meio do pescoço cai sobre o maléolo interno do pé esquerdo, que sustenta todo o peso do corpo. A outra perna, ao contrário, está livre: só toca o solo com as pontas dos dedos e, portanto, fornece apenas um ponto de apoio suplementar. Ela poderia estar levantada e isso não comprometeria o equilíbrio.

Trata-se de uma "postura cheia de abandono e graça. Esse duplo equilíbrio dos ombros e dos quadris contribui para a serena elegância do conjunto".[17] Para sentir o que diz Rodin, proponho que você passe um instante na postura de uma estátua grega. Fique em pé. Deposite o peso do corpo sobre a perna esquerda, estenda a perna direita ligeiramente à frente e toque o chão somente com a ponta do pé. Apoie um punho no quadril e deixe o outro braço solto ao lado do corpo, com a cabeça inclinada para o lado. Seu peito, voltado para o exterior, convexo, recebe plenamente a luz. Essa posição de repouso, ao mesmo tempo despreocupada e atenta, resume a arte antiga, que significa "alegria de viver, quietude, graça, equilíbrio, razão".

Fácil

Agora, passemos para o lado obscuro. Eu proponho que você adote uma posição "*à la* Michelangelo". Permaneça sentado. Incline as pernas para o lado, mantendo-as uma contra a outra, e vire o torso na direção oposta. Incline-se para a frente, como se quisesse pegar alguma coisa. Dobre um dos braços e o cole ao corpo, colocando o outro atrás da cabeça. Se você conseguir se ver em um espelho sem se virar ainda mais, sua atitude transmitirá ao mesmo tempo força extrema e "um estranho aspecto de esforço e tortura". O prumo "não recai sobre um dos pés, mas entre os dois: as duas pernas sustentam o torso e parecem realizar um esforço". Em vez de quatro planos, há apenas dois, um para a parte superior do corpo, e outro, no sentido contrário, para a parte inferior.

Isso dá ao gesto, simultaneamente, violência e contenção, e disso resulta um espantoso contraste com a calma dos antigos. As duas pernas estão flexionadas. Não há repouso, mas trabalho dos membros inferiores. A concentração do esforço coloca as pernas uma contra a outra, e os braços contra o corpo e a cabeça. Desaparece qualquer espaço entre os membros e o tronco: já não se veem os vazios que, advindos da liberdade com a qual estavam dispostos os braços e as pernas, davam leveza à escultura grega: a arte de Michelangelo criou estátuas em bloco.

Além disso, sua posição é em formato de consolação, típico do estatutário da Idade Média, em uma atitude de esforço e melancolia, exprimindo o sofrimento e o desgosto pela vida. "A consolação é a Virgem sentada que se inclina sobre a criança. É o Cristo pregado à cruz, com as pernas flexionadas e o torso inclinado na direção dos homens que seu suplício deve redimir. É a *mater dolorosa* que se curva sobre o cadáver do filho." O torso côncavo, arqueado para a frente, que na arte antiga ficava inclinado para trás, produz sombras muito acentuadas nas concavidades do peito e nas pernas. "Em suma", explicou Rodin, "a genialidade mais potente dos tempos modernos celebrou a epopeia da sombra, ao passo que os antigos cantavam a luz. Seu estatutário exprime a inclinação dolorosa do ser sobre si mesmo, a energia inquieta, a vontade de agir

Encontrar a boa posição

sem esperança de sucesso; enfim, o martírio da criatura atormentada por aspirações irrealizáveis". Michelangelo foi o último e o maior dos góticos, terrivelmente torturado pela melancolia. Seus temas favoritos foram indicados por Rodin: "A profundidade da alma humana e a santidade do esforço e do sofrimento. [Elas] são de uma grandiosidade austera. Mas não aprovo seu desprezo pela vida. De minha parte, sempre tento serenar minha visão da natureza. É na direção da serenidade que devemos tender. Sempre permanecerá em nós suficiente ansiedade cristã perante o mistério." Ao gênio gótico e torturado de Michelangelo, Rodin definitivamente preferia o gênio solar da arte grega. Você pode acreditar na palavra de um escultor: nada é mais importante que a posição do corpo. Partindo da graça ou do esforço, você irá em direção à vida ou contra ela. E, se quiser tentar uma síntese pessoal da graça e do esforço, siga o exemplo da *Vênus de Milo*, "a maravilha das maravilhas" segundo Rodin: "Um ritmo requintado, mas, além disso, algo pensativa, uma vez que, aqui, já não encontramos a forma convexa; ao contrário, o torso da deusa se curva um pouco para frente, como no estatutário cristão. No entanto, nela nada há de inquieto ou atormentado. A obra é da mais bela inspiração antiga, é a volúpia regrada pelo comedimento, a alegria de viver cadenciada e moderada pela razão."

Agora que Rodin nos esclareceu a respeito de tudo que está implicado na posição do corpo, voltemos à poltrona, na companhia de François Roustang. Veja se você consegue manter um pouco da alegria de viver e da voluptuosidade gregas em sua postura. Uma vez que tenha encontrado a posição mais conveniente, permita-me repetir a pergunta: que ideia você faz da energia? Ela é algo que se acumula em um reservatório e depois se consome, como a essência? Alguma coisa comprimida e depois liberada, como o vapor? Algo que circula permanentemente, como uma corrente elétrica ou um fluido ou, para retomar a imagem de François Roustang, "um sopro"? É algo que você produz e que vem de você, algo que o atravessa ou algo externo, em que você surfa? A pergunta parece insignificante, mas é crucial. A imagem que você faz da energia é decisiva, pois a maneira como você a concebe pode dinamizá-lo ou não, permitir que você a renove mais facilmente ou não. Em síntese, a imaginação está no centro de sua vida. É ela que forma sua imagem corporal, que estrutura a natureza das trocas entre você e o mundo, que tece você. A imaginação nutre a vontade ao lhe fornecer imagens. Imaginar que a energia é sólida, líquida ou gasosa dá acesso a diferentes tipos de energia. Se pensa na energia como reserva individual, aos moldes dos combustíveis fósseis e do motor a explosão, você tem um reservatório limitado e deve encontrar fontes externas para "encher o tanque". Se pensa nela como um elemento, assim como o mar, em sua imaginação o ritmo será mais importante que a quantidade. E pouco a pouco se imiscuirá em sua mente a ideia de que a energia se renova sem esforço, como o fluxo e o refluxo das águas, como as ondas que jamais cessam de se formar. Se a energia é um sopro, basta inspirar para retomá-la, e expirar o mais longamente possível, até esvaziar os pulmões, para que ela se renove, como no ato de arejar um cômodo abrindo as janelas. Assim, questione suas imagens e experimente a proposta de François Roustang: em vez de conceber a energia com base no modelo da tensão e da explosão, tente o sopro, que circula livremente. Os deuses do vento, despretensiosos, sempre foram os mais poderosos. Na *Odisseia*, Éolo foi muito mais decisivo na vida de Ulisses que Poseidon ou Zeus. A energia como sopro, como mar, como raio: qualquer que que seja a imagem, dê uma chance a ela e a viva, de verdade, com inocência. Deixe-se habitar por qualquer uma delas, teste-a como testamos os carros novos, sem limite de velocidade. Descubra qual funciona melhor, a que mais o energiza e traz facilidade para sua vida. Busque a imagem mais confortável. Nesse método, o conforto é tudo. É o ponto de partida e de chegada: a fobia deve ser solucionada indiretamente, de soslaio, sem pensar. Ela é solucionada porque se dissolve em um estado mais vasto, em que desaparece. E a hipnose, explica François Roustang, é somente "a prática de uma arte da ação que nos cura de muitos males fabricados. Se, sob seu efeito, os problemas se resolvem como que por encanto, é simplesmente porque era preciso encená-los, em vez de se torturar refletindo sobre eles". Evidentemente, é impossível hipnotizá-lo aqui, pois estamos em um livro, e não no consultório de um terapeuta, mas o objetivo da hipnose é induzir a um estado em que se manifeste plenamente a verdade de nosso ser, um estado que nada tem de ilusório ou artificial e que nos permite solucionar, com facilidade desconcertante, dificuldades que acreditávamos insuperáveis. Nada nos impede de chegar a esse estado por nós mesmos, embora de modo mais gradual que com a hipnose, de ter ao menos uma visão geral e compreender os princípios. O primeiro desses princípios é: pare de refletir.

– 6 –

A ARTE DE DESLIZAR

> A *água, como uma pele*
> *Que ninguém pode ferir.*
> Paul Éluard

Seu chapéu era conhecido por todos. Os longos cabelos grisalhos; as unhas, que ele deixara crescer para evitar o contato das coisas com seus dedos hipersensíveis; tudo o traía, mas ninguém o reconheceu, pois, ali, ninguém o conhecia. É preciso dizer que ele se aventurou bem longe de seu universo familiar. Por uma noite, os muros de livros deram lugar aos muros de água; os bancos da universidade aos bancos de areia; e a lógica ao frisson das ondas gigantescas. Uma vez na vida, o filósofo zeloso de sua solidão e amante do silêncio mergulhou na loucura jovem e superexcitada do Grand Rex para assistir a *La nuit de la glisse* [A noite do deslizamento]. Por que ele deslizou para esse evento que não era adequado nem a sua idade, nem a seu temperamento? Porque escrevera um livro sobre Leibniz intitulado *A dobra*, e o surf é justamente a arte de navegar a dobra, de deslizar pela onda. A filosofia não existe para explicar, ou seja, para explorar as dobras do mundo? Em latim, a mesma palavra (*ex-plicare*) é empregada para ambos os conceitos: explicar é desdobrar. O surf tem algo a dizer à filosofia, e Gilles Deleuze aceitou o convite da revista *Surf Session* para assistir aos mais espetaculares filmes consagrados à atividade. Em *Conversações*, ele desenvolveu essa ideia (que, no entanto, estava envelopada).

    Os movimentos, no nível dos esportes e dos costumes, mudam. Vivemos muito tempo com um conceito enérgico do movimento, de que existe um ponto de apoio ou de que somos fonte do movimento. Correr, lançar pesos etc.: trata-se de esforço, resistência, com um ponto de origem, uma alavanca. Ora, vemos hoje que o movimento se define cada vez menos pela inserção de um ponto de alavancagem. Todos os novos esportes — surf, windsurf, asa-delta — se inserem sobre uma onda preexistente. Não se trata mais de uma origem como ponto de partida, mas de um modo de iniciar uma órbita. De como ser aceito pelo movimento de uma grande onda, de uma coluna de ar ascendente. "Chegar entre", em vez de ser a fonte de um esforço, é fundamental.

"Chegar entre", inserir-se, deslizar pela dobra é não ter de começar o movimento, mas simplesmente mantê-lo. Inserir-se é sempre delicado, porém mais fácil que partir do zero. Isso exige voltar toda a atenção para o exterior, ouvir o mundo diante de si, adaptar-se ao que já está lá e considerar-se uma parte ínfima de um todo no qual nos alinhavamos com agilidade. É preciso também um senso de ritmo, a fim de entrarmos na dança, em vez de impormos nosso próprio tempo. Tudo isso sem esforço, pois não há ponto de apoio nem efeito de alavanca: o movimento já está lá, não é preciso criá-lo, somente encontrar a boa posição e deslizar pela onda.

    Mas há também um aspecto elementar: a onda é composta de ar ou água. Não existem ondas de terra, ninguém surfa um terremoto ou um mar de lama. Mesmo assim, entre esses "novos esportes" está o skate, um verdadeiro surf sobre o asfalto que, sem utilizar ondas, também consiste em um deslizar, em inserir-se na paisagem urbana. O skatista se insere por toda parte e emprega o deslizamento em espaços nos quais ele não existe naturalmente, em escadas, rampas, bancos etc., transformando todo obstáculo em ponto de apoio e onda imaginária. O skatista parece se basear no modelo energético antigo e, no entanto, comporta-se como surfista. Ele importa para a cidade o movimento imaginário das ondas, coloca o asfalto em movimento, é levantado pelo sopro imenso da imaginação. Estamos na presença de um caso muito particular do que Gaston Bachelard chamou de imaginação dinâmica, como se a potência da metáfora oceânica, o sonho da onda, fosse capaz de atravessar e animar o asfalto urbano, de fazê-lo se mover de dentro para fora até formar uma onda.

Surfar a neve é diferente, mas não muito: a montanha é vivida como um oceano no qual o declive e o impulso transformam as irregularidades do terreno em ondas. O esqui alpino sempre esteve inserido nessa lógica de deslizamento, em oposição ao esqui de fundo, baseado no esforço. O mesmo se dá com a vela: o veleiro procura o vento e se insere em um sopro que não criou. Deslizar, seja sobre a água, o ar ou a neve, é tentar esposar uma onda que você não criou. Não é menos cansativo que os outros esportes, pois uma hora de surf consiste em muito tempo remando e caindo, mas é mais galvanizante, pois estamos em contato direto com o elemento. A água e o ar, nos momentos em que são mais perigosos, na forma de onda ou de vento, nos conduzem. Já não se trata de esporte, em que os indivíduos se enfrentam por meio da energia que criam, mas de uma experiência sensível e imaginária, de um prazer elementar. A estética é mais importante que o desempenho, e o primeiro objetivo do surfista é "pegar bem" a onda, realizar uma bela trajetória. Quanto aos surfistas de ondas grandes, com mais de 20 metros de altura, eles buscam ondas gigantes menos para registrar recordes e mais como caçadores ou aventureiros. "Quando o mar está calmo, sem ondas", disse o legendário surfista Laird Hamilton, "eu me sinto como um cavaleiro que não tem dragão para enfrentar." Domar os monstros do mar certamente é um esporte, mas é sobretudo um sonho místico.

A necessidade de se inserir em um movimento, em uma onda preexistente, não é exclusividade dos esportes de deslizamento. Também na equitação, a energia animal preexiste ao cavaleiro. Nos rodeios, realmente surfamos uma onda animal. Há duas maneiras de aprender a montar, dizia o filósofo Henri Bergson a seus amigos. A primeira é a do sargento, que busca dominar, controlar, alquebrar o animal, obrigá-lo a se submeter: tensão, esforços, ferimentos, dores. A outra maneira consiste em acompanhar o movimento do cavalo, segui-lo com flexibilidade, "empatizar" com ele. Obedecer ao animal para, um dia, estar em posição de comandá-lo, e não o contrário. A equitação também é um esporte de deslizamento, pois surfamos o movimento do cavalo — com a diferença de que podemos acabar orientando a onda animal, mas jamais a onda oceânica.

Finalmente, a oposição proposta por Deleuze, entre esportes antigos baseados no esforço e esportes novos baseados no deslizamento, não é tão estrita quanto poderíamos pensar. Como no caso da equitação, há duas maneiras de considerar o mundo e a ação: a versão do "sargento", que emprega força puramente mecânica, e a versão do "dançarino". Pense um instante em Zidane: sua "graça" repousa em uma maneira de passar entre, de se inserir no movimento de seus adversários, de evitá-los sem os tocar, como se surfasse sobre eles. Se ele tem ar de dançarino, é porque atinge seu objetivo sem brutalidade, de modo flexível, leve, no ritmo. Ele mesmo explicou, ao evocar a arte de bater de cabeça, que os grandes cabeceadores, como Zamorano, têm, acima de tudo, um bom senso de timing. Eles sempre saltam na hora certa e se inserem na trajetória da bola. Não é uma questão de altura, não basta ser alto. É preciso sentir o momento. Como um dançarino. Aqueles que se destacam nos "esportes antigos" os praticam como esportes de deslizamento, não de contato. Zidane é um surfista, capaz de subir na onda da bola e sentir o jogo como um elemento ou uma onda. Para nós, um campo de futebol é somente uma superfície plana, de duas dimensões. Para um grande jogador, é um oceano, uma superfície viva, em três dimensões.

A arte de deslizar

O tempo também é uma onda. Os tenistas sabem disso, pois, para eles, uma partida não tem duração predeterminada. Andre Agassi conta que chega um momento na partida em que é possível sentir, fisicamente, duas correntes contrárias, duas forças: uma puxando para a vitória, a outra para a derrota. O jogador está no delta dessas duas forças, em seu ponto de encontro, e passar de uma para a outra, às vezes, é questão de somente um ponto. São como as correntes do oceano. É preciso saber navegá-las. E não forçar, não apressar, não tentar acelerar o tempo. Agir também é saber esperar, mesmo enquanto estamos agindo. É preciso lidar com o tempo como lidamos com uma curva, seguindo seu ângulo ou inclinação, sem tentar resistir ou acelerar. No tênis, pegamos o tempo como pegamos uma onda.

Finalmente, tudo é questão de atitude, de imaginário e de preposição. Estamos "contra", "dentro", "sobre", "com". Empregamos esforço, lutamos, enfrentamos, ou relaxamos, aceitamos, nos abandonamos. É como aprender um idioma estrangeiro. Também há duas maneiras de fazer isso: a primeira é a escolar, a do sargento, com cursos de gramática, listas de vocabulário, controles de presença e notas. Em geral, isso não leva muito longe: é impossível, mesmo após anos de esforço, ter uma conversa natural com um nativo. Como se quiséssemos aprender a surfar ficando na praia ou a nadar ficando na borda da piscina. A segunda maneira é a imersão total: passar alguns meses no país, mesmo sem entender nada de início, banhar-se na língua da manhã à noite, observar, impregnar-se, imitar, tentar se virar e, um dia, falar. Com facilidade. Em inglês, fala-se de *fluency* [fluência]: ser fluente é ser fluido em uma língua, deixar que ela nos atravesse, sem ter de refletir sobre cada palavra antes de dizê-la. A língua é um fluxo, é uma onda que precisamos surfar, à qual precisamos nos entregar. Para aprender a falar um idioma, é preciso falar e agir como se já o dominássemos. O mesmo se dá com a dança: não é olhando que aprendemos, mas fazendo. Isso não nos impede de participar de um curso, mas só podemos corrigir um movimento que já começou. Só podemos corrigir uma frase que já foi pronunciada. É o desejo que ensina a falar ou a dançar, não a obrigação escolar.

Há, portanto, um "fingir" que é condição para o sucesso. Para aprender a falar uma língua, devo começar fingindo que já sei. Bergson disse a mesma coisa quando recomendou que nos abandonássemos à "graça da equitação", ou seja, que agíssemos como se já soubéssemos cavalgar, deslizando suavemente pelo movimento do cavalo, sem resistir a ele. Isso é confiar no corpo e deixar que ele aprenda por si mesmo, que inicie um tornar-se-cavalo, para falar como Deleuze, em vez de permanecer temerosamente preso a seu ser humano.

Temos muito a aprender com os animais, em particular quando se trata de nos inserirmos em um elemento. Veja as metáforas que utilizamos para evocar a agilidade: ser livre como um pássaro, sentir-se como um peixe na água. Não são apenas metáforas, mas exemplos a serem seguidos. O pássaro é antes de tudo uma asa, uma vela que busca o vento. O peixe voa na água, suas nadadeiras são asas e remos, ele pode planar ou acelerar, utilizando sua potência e seu poder de deslizamento. Ele surfa em três dimensões. Um golfinho faz isso tanto na superfície quanto submerso, quase que em quatro dimensões. Todos os esportes de deslizamento se inspiram nas formas e propriedades animais para elaborar seus materiais. A imitação é a regra. A leveza e a resistência dos materiais, o equilíbrio entre flexibilidade e resistência das barbatanas, as nervuras das asas, o aumento do poder de deslizamento proporcionado pela forma afunilada e pela cera usada nas pranchas etc. Mas, sobretudo, a atitude dos adeptos desses "novos esportes" se baseia nos modelos animais.

Mesmo o mergulho em apneia, que lança mão da inibição do reflexo respiratório, pode ser visto menos como esforço contra a natureza em um ambiente hostil que como inscrição natural em um elemento acolhedor. Aos cientistas que o cobrem de eletrodos, o bombardeiam com raios X e o assediam com análises para compreender como ele pode descer sem cilindro a mais de 100 metros de profundidade e suportar uma pressão de dez atmosferas, Jacques Mayol explica, com um sorriso divertido: "Quando mergulho, não é complicado, porque estou apaixonado pela água! Mas como é que se fala de amor em linguagem matemática?"[18] Não se fala, ou melhor, não se mensura. Mas se sente e se vê. Jacques Mayol, por não usar os seres humanos como modelo, não se vê como esportista, mas como golfinho ou *homo delphinus*, um homem em estado de tornar-se-golfinho, ou mesmo em estado de voltar-a-ser-golfinho, pois ele considera sua aventura em grandes profundidades um retorno a nossas origens aquáticas reprimidas. Afinal, nossas células não estão banhadas em água salgada? A célula viva não é descrita por Claude Bernard como micro-oceano interior? O certo é que Jacques Mayol vive o mergulho em apneia como inserção no mar, e não como luta contra ele; como uma relação amorosa, não como conflito. Exatamente como aqueles que escolhem aprender equitação seguindo o movimento do cavalo, ele aprendeu mergulho sem cilindro adotando como professora, e quase como amante, uma golfinho chamada Clown, da qual cuidava no Seaquarium de Los Angeles e pela qual disse ter se apaixonado, "como se Clown fosse uma mulher! Eu tinha aquela impressão muito particular, familiar a todos os apaixonados, de conhecê-la havia muito tempo. E podia jurar que acontecia o mesmo com ela!" Sua facilidade e descontração na água, a elegância e a eficácia de seus movimentos, ele deve a ela, mas, sobretudo, ao amor pelo elemento, ao amor pela água e, no fundo, ao amor em si. "No fundo de mim, há a calma. No fundo da calma, o amor. Foram os golfinhos que me ensinaram. Foi graças a eles que bati todos os meus recordes."

Seus principais adversários — e parceiros — nessa conquista das profundezas, o italiano Enzo Maiorca e o americano Robert Croft, que várias vezes bateram o recorde mundial, dão a sensação de ter optado pela primeira maneira, o treinamento baseado no esforço consciente e metódico e a invenção de técnicas que permitem aumentar a capacidade respiratória ou inibir o reflexo respiratório. Croft pratica o *lung packing* ou *air packing*, que consiste em, após ter preenchido a caixa torácica ao máximo, inflar as bochechas para, em seguida, enviar ainda mais ar para os pulmões. Maiorca utiliza a hiperventilação, que consiste em inspirar seguida e rapidamente a fim de diminuir a taxa de gás carbônico no sangue e retardar o reflexo respiratório que depende dessa taxa. Ele também treina subindo e descendo três andares pelas escadas, lentamente, sem respirar e carregando pesados cinturões de chumbo. "É ainda mais difícil que na água", conta ele, "pois, na água, sou obrigado a manter a boca fechada, ao passo que aqui bastaria abri-la para respirar. É uma tentação terrível. É preciso resistir. É assim que se forja a vontade."

Não se trata de reduzir Croft e Maiorca a representantes caricatos de uma abordagem de força, ao passo que Mayol teria o monopólio da sutileza e da suavidade. Mas treinar em terra, sofrendo nas escadas e pensando a cada passo em não respirar não tem o mesmo sabor que brincar com a amada durante horas, em uma piscina enorme. É o mundo negativo da vontade contra o mundo positivo do desejo: de um lado, resistimos à tentação de respirar; do outro, cedemos ao prazer de brincar. "É preciso resistir" não soa como "no fundo da calma, o amor". Esse amor sem objeto é mais um estado de bem-estar que um sentimento. Ele está mais próximo da felicidade meditativa que da paixão destruidora. É uma forma de paz profunda, consigo e com o mundo, propícia ao relaxamento, ao esquecimento do eu e do raciocínio. Trata-se de uma experiência impessoal e atemporal que faz com que a necessidade de respirar fique em segundo plano. Segundo Jacques Mayol:

O primeiro grande erro é lutar contra os segundos que passam. Se há luta, há conflito e, portanto, contração física e psíquica. Isso provoca o efeito contrário do que buscamos, o de nos banharmos no fluxo das coisas, de nos deixarmos transportar por elas, em total descontração.

Para segurar a respiração, por mais paradoxal que pareça, é preciso não pensar em segurá-la. É preciso fazer isso sem pensar. É preciso se tornar o próprio ato. Como um animal.

Jacques Mayol não resiste à água, ele passa entre as gotas e se deixa levar pelo fluxo das coisas; ele não resiste ao desejo de respirar, mas se esquece de pensar nele. Ele não se contenta em deixar de refletir, ele se imagina um golfinho. Seu raciocínio é neutralizado, mas sua imaginação está ativa. Ele não flutua no éter da inconsciência, mas nada na felicidade dos sonhos. Como um golfinho na água.

– 7 –

DEIXAR DE REFLETIR

A vida pode ser experimentada, mas não explicada.
François Roustang

19 de outubro de 1983. 14h24. O sol de outubro confere um tom dourado à ilha de Elba. Parece verão. A bordo do *Corsaro*, o silêncio é total. O mar está bonito e o barco encontra-se a 1,6 quilômetros da costa de Pareti. Em exatamente seis minutos, Jacques Mayol liberará o peso de 50 quilos encarregado de levá-lo até o fundo. A contagem regressiva é iniciada. Sentado na plataforma do barco, com as pernas na água, ele assiste à partida dos mergulhadores de segurança, que se posicionarão em diferentes profundidades para observar e prestar auxílio, se necessário. Em que está pensando? Talvez em seu amigo, o monge Yoshizumi Azaka, que conheceu em 1970 em um templo em Izu, no Japão, e que, para lhe ensinar o zen, repetia sem parar: "Não pense! Não pense!", ao mesmo tempo que batia em seus ombros com um bastão, empregando o famoso golpe do mestre zen que tem o objetivo de afastar os pensamentos errantes e chamar a atenção daquele que medita para o aqui e agora. Ou talvez Mayol pense em Clown, a golfinho da qual se considera aluno. Ao brincar com Clown, ele percebeu que, quando

Fácil

tinha pensamentos sombrios, ela sentia e se afastava, para mostrar que ele devia se desfazer deles e limpar o espírito. A golfinho e o monge concordavam: "Não pense!", como se pensar fosse algo que fizéssemos por nós mesmos, uma atividade puramente mecânica, uma mania ou tique do qual pudéssemos nos desfazer a nosso bel-prazer, com um simples gesto, apertando um botão. "Não pense." É fácil falar. Talvez Mayol pense no dr. Cabarrou, o médico francês que avisou que, para além dos 50 metros de profundidade, a caixa torácica do mergulhador de apneia pode sofrer um esmagamento fatal. E, mesmo assim, ele fizera isso. Ultrapassara os 50 metros. Enzo Maiorca descera 60 metros. Mayol relembra sua primeira tentativa de bater o recorde de Maiorca. Fora em Freeport, nas Bahamas. Como mergulhava de olhos fechados, pedira a um dos mergulhadores de segurança para lhe dar um tapinha no ombro quando ele chegasse a 50 metros, a fim de que pudesse se orientar. Mas o contato o fizera sair do transe. Ele abrira os olhos, vira a fita amarrada ao cabo, 10 metros abaixo, sinalizando a profundidade atingida por Maiorca, e parara de descer. Era impossível prosseguir: os ouvidos já não aguentavam. O brusco chamado à realidade e a irrupção do raciocínio haviam interrompido seu ímpeto. Ele tivera de retornar. Fora somente um adiamento, pois acabou ultrapassando os 60 metros, mas ele jamais se esqueceu daquele incidente. O maior perigo, para um mergulhador de apneia nessa profundidade, é pensar. Maiorca chegara aos 62 metros. Robert Croft descera até 64 e depois 66 metros. Foi então que Mayol decidiu passar vários meses naquele templo em Izu, preparando-se para o recorde com um método diferente da insistência na preparação física ou na respiração forçada. O não pensamento e os exercícios de ioga respiratória, combinados, deram a ele a última palavra em 11 de setembro de 1970, com um mergulho de 76 metros. A última palavra porque, em dezembro de 1970, a Confederação Mundial de Atividades Subaquáticas (CMAS), que até então supervisionava as tentativas de recorde, decidiu abolir a modalidade por razões de segurança. Adeus ao esporte, olá aos experimentos. Será que Mayol pensa

Deixar de refletir

no dr. Roger Lescure, que julgara criminoso esse tipo de experimento, por estimar que, a 80 metros, o mergulhador de apneia só tinha alguns segundos de vida consciente? Em que pensa Jacques Mayol a alguns segundos do fim da contagem regressiva? É impossível dizer. 14h30. Ele levanta a mão. Põe os óculos, segura o peso suspenso a sua frente, inspira normalmente, sem forçar, e desaparece no azul. Ele tem 56 anos. O disco-limite o aguarda 105 metros abaixo. Se está bem preparado, Mayol não pensa nele.

Não pensar na prova nem sempre basta. Antes de entrar em cena, Hélène Grimaud experimenta o medo ou o que ela prefere chamar de "fenômeno adrenalina". Seu coração bate muito rápido. O sangue foge das extremidades. Ela fica ofegante. Mas não pensa em nada. Está ao mesmo tempo muito concentrada e com a mente vazia. Seu ventre pulsa. Suas pernas mal a sustentam. Quando era criança, ela sempre tocava com prazer, sem medo. O que aconteceu? Tudo começou logo antes de gravar seu primeiro disco. Foi uma loucura, um trecho difícil demais para ela, na opinião de todos os professores. Um capricho. Um sonho. Rachmaninoff. Alguns minutos antes de entrar no estúdio, seu corpo a traíra e o "fenômeno adrenalina" ocorrera pela primeira vez e, dali em diante, ocorreria sempre. Desde então, seu corpo pensa em seu lugar e, como um disco riscado, passa sempre pelo mesmo sulco do medo, gravado nela de maneira definitiva, indelével. Como impedir o corpo de refletir? A vontade nada pode, tampouco o raciocínio. Grimaud se concentra na respiração e pensa somente em esvaziar completamente os pulmões e inspirar em grandes lufadas a partir do ventre. Ela substitui o raciocínio pela imaginação e faz projeções mentais. E fixa a atenção em três coisas, sempre as mesmas. Concentra seu foco sobre a primeira, a segunda e depois as três juntas, como as três cerejas de um caça-níqueis. Ela explica:

Essa técnica faz com que eu me envolva no ritmo até chegar à iluminação. O princípio é controlar perfeitamente a respiração, focando a atenção nas imagens que se sucedem. Atingir as ondas cerebrais do tipo alfa é atingir o transe, o ritmo ideal, como nos mantras budistas. O objetivo é que, ao fim do exercício, o cérebro já não formule nenhum pensamento distinto. Há outro exercício de que gosto muito: imaginar-me em um lugar que amo ou que gostaria de visitar, como uma sacada com a mais bela vista do mundo. Vejo uma escada; sob ela, um cômodo; nesse cômodo, uma porta. Eu abro a porta e entro no cômodo, e lá encontro algo ou alguém. Na maioria das vezes, é um ser amado ou já falecido; na verdade, minha própria voz interior.[19]

Dito de outro modo, ela pratica a auto-hipnose. O terapeuta François Roustang confirma os benefícios desse método. Focar na respiração é a melhor maneira de retornar ao corpo, de suprimir os pensamentos incômodos. O mal-estar vem sempre de uma rigidez que bloqueia o fluxo da vida. Respirar lenta e profundamente é começar a restabelecer esse fluxo. Para suspender completamente os pensamentos, Roustang utiliza três exercícios. O primeiro consiste em fixar o olhar em uma parte limitada de um objeto, como a ponta de um lápis, a asa de uma xícara ou a estampa de uma almofada. O objetivo é isolar aquilo que vemos do contexto geral e obscurecer todo o restante. O segundo consiste em se transportar pela imaginação a um lugar do qual gostamos, seja na fazenda, na cidade ou nas montanhas, pouco importa, desde que seja um local associado a sensações agradáveis. O terceiro consiste em utilizar a linguagem para expressar contrassensos. É o exercício mais desconcertante. "A experiência proposta é estranha porque se expressa de modo absurdo: 'Use um caminho que você não conhece para chegar a um lugar que ignora e lá fazer algo de que é incapaz.' Ao serem ouvidas e imaginadas, tais frases aparentemente sem sentido, que dão a impressão de envolver riscos extremos, abrem um espaço de liberdade e prazer no qual a existência pode ser renovada."[20] Ao utilizar a linguagem dessa maneira, não podemos visualizar nada preciso, e esse é exatamente o objetivo do exercício: restabelecer o senso do possível. Não por meio da clareza de um objetivo ou de uma imagem, mas ao criar confusão e obscuridade. Talvez resida aí a ideia mais surpreendente e fértil desse método: quem quer reencontrar a possibilidade de agir e se inventar não deve começar com objetivos claros, mas com um estado de flutuação, indeterminação, nevoeiro que permitirá que a ação se forme. É a noite que nutre a luz e é a nuvem que faz surgir o raio.

Vencer o medo não é tudo. Deixar de refletir quando é preciso agir é algo que se aprende. Mas o excesso de reflexão pode contaminar e até mesmo ameaçar toda uma existência. Hélène Grimaud narra como um encontro com o grande violinista Gidon Kremer, durante o festival de Lockenhaus, perturbou sua vida e sua relação com o piano. Até então, ela confiava principalmente em sua intuição e nas evidências fornecidas por ela. Subitamente, pôs-se a analisar seu desempenho, a dissecar as obras, explorando metodicamente todas as possibilidades, a fim de descobrir seu próprio som. Em razão de considerar tudo possível, pouco a pouco ela se desligou da realidade:

Eu me fazia tantas perguntas que já não conseguia me separar das partituras nem me distanciar o suficiente para passar ao ato das mãos sobre as teclas. Em certos dias, tinha a sensação de compreender, tinha uma breve visão do que poderia ser e seria, sabia que era aquilo, exatamente, mas, entre esses breves clarões, essas raras iluminações, permanecia cega. Eu me debatia no vazio com essas dificuldades, às vezes durante semanas, sem encontrar solução.

Vítima de uma verdadeira paralisia instrumental, ela adoeceu.

Eu já não trabalhava, com exceção das partituras. Passava todo o tempo lendo, tanto livros quanto notas, muitas notas. Concentrada nessa inércia, eu me recusava a sair do apartamento. Ficava de molho, ruminando, desesperada, sobrecarregada por uma miscelânia de personagens de romance e esparsos conhecidos. Não queria ver ninguém. Estava tomada por uma sensação de impotência e, ainda pior, de inutilidade. Minha dor era uma ação, e a contemplação dessa dor, um abismo. Um grande buraco negro se abriu em meu peito. Ele já não se comunicava com os espaços infinitos, com o cosmos ou com a arquitetura vertiginosa da música, mas, como um furo no casco de um navio, com as águas verdes e sombrias das profundezas, cujas trevas engolia. Eu vivia uma despossessão do eu. O abandono do eu pelo eu após o abandono de tudo. Em 1989, durante o festival de La Roque-d'Anthéron, onde deveria tocar pela terceira vez, eu estava em um marasmo total. Achava, realmente achava, que jamais sairia dele. Pela primeira e última vez em minha vida, tive o desejo selvagem, brutal, irreprimível de morrer.

Ruminação que impede a ação, excesso de interpretação que impede a experiência, perda de curiosidade pelo movimento do mundo, fim da leveza. Hélène Grimaud fez um diagnóstico lúcido dessa grande crise existencial. De tanto analisar sua maneira de tocar, ela saiu da vida, saiu da música. Para perguntar como vão as coisas, os suíços perguntam, muito adequadamente: "*Ça joue?*" ["Isso toca?"] Quando *ça ne joue plus*, quando já não toca, nada mais funciona.

Por causa da inteligência, Hélène Grimaud perdeu o instinto. Como sair desse impasse? François Roustang adverte que, evidentemente, não é pela intensificação da análise que podemos curar os excessos da análise. Não é com ainda mais reflexão que podemos escapar de seu excesso. É preciso primeiro pôr fim à ruminação "sobre nossos remorsos, arrependimentos e ressentimentos. Em seguida, parar de questionar os motivos e razões de nosso mal-estar. Para isso, ou seja, para não pensar mais no assunto, para parar de pensar, é preciso ter pensado durante muito tempo, a fim de fatigar a reflexão e conduzi-la à renúncia." Fatigar a reflexão, como fatigamos um cavalo selvagem para poder montá-lo. Ter usado o raciocínio, saber interiormente que já não serve para nada, para enfim ter condições de agir.

Atenção à armadilha do "Quero entender". Em um capítulo intitulado "A ilusão do sentido", Roustang escreve: "O sintoma já é um isolamento, uma supressão do fluxo da vida, uma parada e um afastamento. Focar nele é correr o risco de reforçá-lo." A solução não é escavar o problema até se enterrar nele ou percorrê-lo até voltar ao ponto de partida, mas colocá-lo em seu lugar em meio a todo o restante, apenas um detalhe inserido em um conjunto em movimento, e não um ponto focal imóvel, congelado, petrificado pelo desejo de entender.

Na terapia por hipnose, está tudo lá, e aceitamos a indistinção e a vagueza de pensamentos, representações, sentimentos, percepções e sensações, o que produz um estado de confusão no qual nos instalamos sem bússola ou leme. Assim, o sintoma é submerso, levado, solto de suas amarras e, portanto, obrigado a aceitar ou integrar todos os aspectos da forma da vida ou do fluxo da vida.

O "transe" da hipnose é um *trans*, um estado intermediário. O ponto de ação é também um ponto de passagem.

Isso significa que, contrariando toda a tradição psicanalítica, para melhorar, não devemos olhar para nós mesmos, não devemos nos demorar no eu. O filósofo Ludwig Wittgenstein escreveu em seus *Diários secretos*, redigidos em plena guerra (1914-1916): "Quando sentimos ter esbarrado em um problema, precisamos parar de pensar nele, ou não conseguiremos nos libertar. É preciso, acima de tudo, começar a pensar em um lugar no qual possamos nos sentar confortavelmente. É preciso não insistir! Os problemas difíceis devem se resolver sozinhos, diante de nossos olhos." Mas como solucionar um problema sem pensar nele? Isso é ainda mais estranho vindo de um filósofo tão envolvido com a ciência e a lógica. É difícil ver como um teorema poderia se demonstrar sozinho. Não seria preciso, ao contrário, prestar atenção, no sentido mais intenso do termo? Se a atenção é algo que se faz, ela não supõe um esforço? "Preste atenção!", comandam os professores, certos de que, para entender, precisamos apenas nos esforçar. Wittgenstein recomenda o inverso: não insistir, não se deter, deixar de refletir, deixar os problemas se resolverem sozinhos. E detalha: "diante de nossos olhos." Não é porque não insistimos no problema que não devemos manter os olhos abertos. Há aí uma forma de atenção, reduzida puramente a observar sem tensão. O segredo dessa observação é o conforto: "começar a pensar em um lugar no qual possamos nos sentar confortavelmente." Primeiro o conforto e depois o raciocínio, como consequência do conforto. Quem quer viver bem deve começar se instalando bem em sua poltrona. E nela, um pouco como no cinema, desde que não tentemos interferir, veremos nossos problemas se resolverem sozinhos. É somente ao renunciar à tentativa de solucionar o problema diretamente que temos a chance de nos livrar dele. Wittgenstein escreveu, em *Cultura e valor*: "A solução para o problema que se encontra na vida é uma maneira de viver que o faça desaparecer." Roustang completa: "A solução de um problema humano jamais se dá pela resposta à pergunta 'por quê?'"

Philippe Petit, quando — após oito passagens entre as duas torres do World Trade Center e 45 minutos de espetáculo — desce do fio, menos por cansaço que pela ameaça do helicóptero da polícia que o acompanha, é imediatamente preso. Quando ele está sendo conduzido à delegacia, a primeira pergunta que um jornalista americano lhe faz é "Por quê?" E ele responde: "Não há porquê." Se houvesse, não haveria funambulista. "Cada pensamento sobre o fio é uma queda futura."[21] Não pensar, portanto. É fácil falar. Como pensar em não pensar? O vazio, em vez de falar dele: fazer. "O sabor de um segundo de imobilidade — se o fio o concede — é uma felicidade íntima. Se nenhum pensamento atrapalhasse esse milagre, ele se eternizaria." Mas "o vento de nossos pensamentos [é] mais violento que o do equilíbrio". Os pensamentos são o inimigo. Eles não precisam ter conteúdo particular. São, em si mesmos, um desequilíbrio, um vento que sempre renasce e volta ao ataque. Pensar é sair do instante para se ver fazer, sair de seu ponto de ação, projetar-se no passado ou no futuro. E projetar-se, quando estamos sobre um fio, é cair. Se prendêssemos um filósofo em uma jaula suspensa no alto das torres de Notre-Dame de Paris, disse Montaigne, mesmo que ele soubesse ser impossível cair, a visão da altura extrema o apavoraria e paralisaria. Ou se "jogássemos uma viga entre as duas torres, de uma espessura tal que permitisse andar sobre ela, não haveria sabedoria filosófica suficientemente firme para nos dar coragem de caminhar sobre ela como faríamos se estivesse no chão. Há quem sequer consiga suportar a ideia". Pascal retomou Montaigne sem o citar e reconheceu o mesmo domínio da imaginação sobre a razão: "Se o maior filósofo do mundo estiver caminhando em uma prancha, ainda que mais larga que o necessário, sobre um precipício, sua razão pode convencê-lo de que está seguro, mas sua imaginação prevalecerá. Muitos sequer conseguem pensar nisso sem empalidecer e transpirar."

Como Philippe Petit faz para não ceder ao medo, ao pensamento de medo que já é uma vertigem? É simples: ele não luta contra os pensamentos. Não tenta *suportá-los* nem *resistir* a eles. Ele os deixa flutuar, como todo o restante. Refletir é se enredar. A reflexão é sempre uma repetição, pois o prefixo *re* pressupõe insistência, uma consciência que patina, que se curva sobra ela mesma: refletir é forçosamente... forçar. A insistência agrava o problema, quando não o cria. Antes de agir, é preciso se desenredar. Nada pensar, nada fazer.

Mas como fazer para nada fazer? E como pensar em não pensar sem pensar nisso? Trata-se de um círculo vicioso. Se eu digo "Não pense em uma rã", em que outra coisa você poderia pensar? Felizmente, a contradição é apenas aparente e verbal. Desaparece com a prática. O segredo do não pensamento é recorrer não ao raciocínio, mas ao corpo. Sem raciocínio, somente uma ação simples: encontrar uma boa posição e respirar direito. Nas palavras de Roustang:

Nada fazer é não realizar nada em particular, não se deter em nenhum pensamento, sentimento ou sensação. Esse nada fazer se torna um deixar fazer. Ora, deixar fazer equivale a um estado de receptividade sem limitação. Quando estamos dispostos a tudo, quando nada preferimos, nada queremos e não temos nenhum projeto, o que tocamos e recebemos é a própria força da ação. Estamos na origem da ação porque estamos mobilizados, prontos para qualquer eventualidade. O indivíduo que deixa fazer se ajusta sem cessar ao que vem a seu encontro, e esse é o começo e a plenitude da ação.

Fácil

O mais difícil de aceitar nessa concepção da ação é o fato de ela não se basear no raciocínio, não resultar de um processo ou de uma decisão, e assim parecermos espectadores, e não atores. Mas, se lembramos dos "momentos abençoados" de Sagan, dos "momentos raros" de Noah, da "visita" de Grimaud, percebemos que, quando "isso funciona", quando "isso encaixa", quando estamos em nosso ponto de ação, "isso" funciona sozinho, nos acomete, acontece como se nada tivéssemos a ver com "isso". A ideia, muito astuta, consiste em encontrar esse estado físico de atenção indiferente, de receptividade sem projeto, a fim de descobrir o que se forma, de assistir à aparição não simplesmente de um projeto (que ainda seria um pensamento voltado para o futuro), mas de uma ação (o primeiro passo, no presente, da execução desse "projeto" que não é projeto, pois já está em andamento). Isso parece contradizer as necessidades da ação, em relação às quais nem sempre estamos livres para esperar quando a urgência nos comanda a agir, mas esse estado, uma vez conhecido e identificado, pode ser encontrado de maneira instantânea, como Zidane quando evocou sua cobrança à Panenka na final da Copa do Mundo de 2006.

A decisão coincidiu com a execução. Ele soube o que devia fazer enquanto fazia. Foi uma decisão acertada por ter sido menos refletida que recebida. Zidane, como Sócrates, obedeceu a sua voz interior, a seu "gênio". Quando encontramos o comprimento de onda correto, só precisamos nos conectar a ele. É como uma estação de rádio: basta encontrar a frequência.

O primeiro modelo de facilidade é o animal. O instinto leva ao sucesso sem reflexão, ao contrário da inteligência, que está frequentemente desconfortável com seu caráter consciente e indireto. Quando precisamos pensar para agir, perdemos a vantagem do imediatismo. O instinto não se questiona: ele faz, nem mais, nem menos. A inteligência pensa na ação, a desequilibra e, assim, corre o risco de impedi-la. O instinto é uma forma de idiotia, de ignorância feliz, que realiza sem pensar. Para um ser inteligente, toda dificuldade consiste em chegar a esse estado de idiotia sem perder a inteligência, em construir uma segunda natureza na qual a inteligência se torne intuição. Essa natureza é o objetivo dos atletas, mas também dos comediantes. "Quando interpretei Danton", contou Gérard Depardieu, "fui guilhotinado no primeiro dia de filmagem. Sem cabeça, já não podia pensar e só precisava ser."[22] Foi uma decisão muito inteligente do diretor Andrzej Wajda, que assim permitiu que o ator não interpretasse de maneira cerebral, e o incitou a seguir seus instintos. Depardieu gostou muito do procedimento, a ponto de adotá-lo como princípio de vida: "Basta de ideias sobre as coisas. Temos tudo a ganhar com isso. Quando sentimos certa alegria de viver, por exemplo, se começamos a pensar que somos felizes ou, ainda pior, a questionar por que estamos felizes e não infelizes, já estamos menos disponíveis para a alegria de viver. Essencialmente, nós a perdemos. A alegria de viver é conhecida no presente, e isso é tudo." Essa experiência imediata, sem retorno sobre o eu, pode parecer brutalidade ou mesmo bestialidade, mas Depardieu não se importa: "Nada faço para parecer gentil e simpático. Simplesmente vivo. E não faço nenhum cálculo." Nenhum esforço, jamais, somente o fluxo da vida, sem retorno. Deixar de refletir permite se inscrever no presente. Para um comediante, a dificuldade consiste em chegar a esse estado de indiferença tranquila na presença de outros, diante da equipe técnica, no cinema, ou da plateia, no teatro. "É sempre aterrorizante ficar sozinho em cena, em frente à plateia, sem dizer nada. Esforçando-se para simplesmente *ser*. É por isso que os atores de teatro frequentemente atacam muito rápido, muito forte. Régy me ensinou a dar um tempo, a jogar com a espera, a sentir o silêncio até o momento em que as palavras não podem fazer outra coisa senão jorrar. Trata-se, no fim das coisas, menos de dizê-las que de saber retê-las." Deixar de refletir é um remédio e, ao mesmo tempo, uma provação para a impaciência. Ao não se projetar no futuro, o comediante ganha uma densidade, uma presença, uma esplêndida forma de lentidão, uma tranquilidade de grande fera selvagem que enriquece a sua interpretação. E, ainda que um diretor teatral o tenha colocado nesse caminho,

Depardieu acredita que tal aprendizado não vem necessariamente de ensinamentos: "Não é na escola que aprendemos quem somos, mas com nossos corpos. Vendo, respirando, sentindo." Trata-se mais de atenção e percepção que de conhecimento ou trabalho. Depardieu reivindica aqui uma forma de ignorância, de não saber, de ação imediata: "Fico muito mais à vontade quando sei pouco sobre as coisas. Eu não as explico, elas vêm sozinhas, sem barreiras, sem nenhum pensamento de fundo. Tudo me chega em estado bruto. É como quando jogamos as uvas na tina. Um belo dia, elas fermentam. Ou não. Funciona ou não. Existem muitas maneiras artificiais de produzir vinho. Eu faço vinho do jeito clássico. Digamos que confio na natureza. Ela sempre tem razão, quando não a contrariamos. Como tiver de ser, será." Poderíamos ficar surpresos com o fato de um comediante que interpreta grandes textos e faz malabarismos com a linguagem se preocupar tão pouco com a questão do sentido. Interpretar não é forçosamente ter uma ideia sobre o texto? Não é atingir, por meio da análise profunda, o sentido oculto em uma obra, antes de propor sua leitura? Depardieu explica por que se dá exatamente o inverso:

Quando interpreto em língua estrangeira, não dou a mínima se não compreendo o texto do personagem. Eu me importo mais com a pontuação que com as palavras. Interpreto antes como músico que como ator. Quando li *Cyrano* [*de Bergerac*], senti a música muito antes de sentir as palavras. Em *Quero ir para casa*, de Alain Resnais, encenada em inglês, eu não entendia uma única palavra do que estava dizendo e me contentava em interpretar a situação no presente. Tudo estava indo bem, até que Resnais traduziu alguns trechos do diálogo e explicou minhas falas. Foi aí que as coisas deram errado, eu me tornei incapaz de interpretar, de ser preciso, fiquei paralisado pelo que tinha a dizer. Tivemos de refazer a cena dezenas de vezes.

Não compreender o que diz não só não é um obstáculo para Gérard Depardieu, como é uma condição de possibilidade. Para interpretar,

Deixar de refletir

ele precisa não se demorar no que tem a dizer ou fazer. Afinal, não pedimos que um violino entenda a música que ele permite. O ator é como um instrumento, atravessado pela música. Ele pode sentir que ela é bela, desde que não saiba como nem por quê. Paradoxalmente, é essa distância do conteúdo do texto que permite interpretá-lo da maneira mais precisa, de fazê-lo ressoar: "Quando li Santo Agostinho, muito mais que o texto, frequentemente árduo, a plateia precisava sentir as vibrações, deixar que tocassem sua alma. Para além das palavras, a plateia estava em estado de prece. Para mim, foi como ler uma história para uma criança dormir, uma criança que minha voz conduz a seu próprio mundo, onde a imaginação pode trabalhar." O que é válido para um texto ou uma cena é válido também para a vida, especialmente no amor: "Quando tentamos dominá-lo, ele morre, envelhece de um só golpe, e a chama se apaga." Depardieu não está do lado da vontade e do esforço, mas do desejo e da naturalidade. Com suas palavras e atos, Gérard Depardieu, ator pensador, mas, sobretudo, pensador em cena, reivindica uma forma de negligência generalizada que o faz ser considerado primário pelos imbecis, e que é sinal de uma intuição superior. Ele diz não à inteligência da análise e sim à genialidade da vida. "É claro que podemos tentar a psicanálise, eu sei bem, pois fiz análise durante trinta anos antes de perceber que aquilo era somente mais uma vaidade. Quando nos demoramos nos arrependimentos, nos remorsos, nas queixas, acabamos ficando saturados e já não podemos acolher a vida." Parece que estamos ouvindo François Roustang, perfeitamente de acordo com essa profissão de fé ao afirmar: "Uma das características da vida é jamais ser compreendida; sua complexidade jamais é destrinchada. Não há reflexão verdadeira para além daquela que aceita mergulhar na vida sem poder se voltar sobre si mesma. Assim, o que pode passar por idiotia se torna inteligência em ação. A reflexão atinge seu objetivo quando se cala perante o silêncio da ação."

É por isso que François Roustang privilegia a hipnose à simples análise. A hipnose permite unir-se ao eu, ou melhor, ressituar o eu no mundo, colocá-lo novamente em perspectiva e em seu lugar adequado. Ela oferece a experiência de esquecer esse eu paralisado pelos problemas, de livrá-lo do que lhe pesa para trazê-lo de volta à sua substância mais simples: a de estar vivo. Estar vivo é não ser ninguém, é ser a vida, nada mais. Não a vida em geral, mas minha vida, a vida que me atravessa, eu. Assim, "eu" é apenas um detalhe em um conjunto mais vasto. Os gregos chamavam isso de cosmo, um mundo no qual cada um está em seu lugar, e feliz por ali estar. "Quando alguém consegue se reduzir ao estado de ser vivo, ele já está curado. Como se ressitua em seu próprio corpo, em relação a seu próprio corpo, ele se ressitua em relação a seu meio [...] a todo o ambiente. E isso basta." Não é preciso ter o menor objetivo, nem mesmo o de se curar. Se eu tinha um problema, ele está resolvido. Se *eu era* um problema, ele se dissolveu ao mesmo tempo que o eu, em um conjunto mais vasto: a vida. "Não sabemos o que está acontecendo, mas, se estamos tranquilos, muitas coisas acontecem".[23]

É ao esquecer o objetivo que o atingimos. Ou melhor, é ao renunciar ao objetivo que ele vem até nós. "Para os asiáticos, para os arqueiros japoneses, por exemplo, a flecha já está no centro do alvo antes mesmo de deixar o arco, e não há verdadeiramente distância entre uma e outro, ou seria impossível atirar e acertar o alvo de olhos fechados." Isso supõe "o abandono de toda intencionalidade, a perda de um eu que intenciona e dirige a operação, em suma, uma impessoalidade que participa do movimento, que é o gesto realizado e que não pode ser distinguida dele." É preciso saber esperar, como se não tivéssemos nenhum projeto, o que permite perceber melhor as coisas, deixar chegarem as informações disponíveis. Essa espera não tem nenhuma relação com o medo, a indecisão ou, como no caso de Hélène Grimaud, o perfeccionismo. Ela consiste em respeitar a ideia de que o tempo da ação nasce da própria ação, e não de nós. Dito de outro modo, se estou em situação de nada querer, se posso agir como se nada quisesse, se coloco meu medo e minha impaciência em suspensão, a duração adequada das coisas ditará seu ritmo. Trata-se de uma abordagem quase vegetal, mas também nos assuntos humanos há estações e tempos a respeitar. Se uma ação não está madura, se ainda não chegou seu tempo, é inútil forçar a decisão. Não sou eu que tomo a decisão e forço minha vontade sobre o mundo, mas sou eu que, ao me apagar, torno-me disponível ao mundo e decido ouvir aquilo que ele exige. Estranhamente, é dessa renúncia a qualquer objetivo que surge a ação. A noite e, em seguida, um clarão.

Entre os problemas humanos que não podem ser solucionados pela reflexão, a maior parte é facilmente solucionada pela ação. Se queremos compreender alguma coisa, o melhor é simplesmente fazê-la. São as mãos que aprendem a amarrar os sapatos. Se há raciocínio, é no interior da ação, graças a ela. Um saber diretamente inscrito no corpo é mais facilmente adquirido e conservado. Usamos frequentemente o exemplo da bicicleta: o saber do corpo é o que resta quando tudo foi esquecido. E, para ser mais preciso, é o que resta *porque tudo foi esquecido*. Há um esquecimento que conserva, e que se chama hábito. Não há necessidade de pensar para convocá-lo. Esse saber está sempre lá, ao nosso alcance, e mesmo em nossas mãos, no corpo: seja andar de bicicleta, dirigir, ler ou falar uma língua estrangeira, um aprendizado bem-feito não é esquecido. E, contrariamente ao que poderíamos pensar, "nada fazer" é um aprendizado dessa natureza.

Os artistas estão familiarizados com esse fenômeno. Quando Picasso escreveu "Eu não procuro, encontro", essa não foi a constatação de um gênio arrogante, mas a confissão de um trabalhador obstinado e modesto que reconhecia a impossibilidade de fazer a menor ligação entre o esforço da busca e o advento da descoberta. Não basta procurar para encontrar, essa é a dura lei do trabalho artístico. Podemos atingir mil vezes as beiradas do alvo sem jamais acertar o centro e sem jamais nos aproximarmos dele. Segundo Roustang:

Brahms se recolhia por dias inteiros e esperava, antes de começar a escrever, encontrar-se em um estado que ele mesmo chamava de hipnótico. Nesse estado, não sabia mais procurar, somente se deixar encontrar. Se esses criadores encontram, é porque já não procuram ou porque sua busca chegou a um limite a partir do qual se reconhece vã. Suas tentativas e seus esforços pessoais foram conduzidos ao ponto da desesperança de encontrar. Em certa época de sua vida, Picasso se levantava, todas as manhãs, com a certeza de, na véspera, ter pintado sua última tela. Seguro de que não pintaria mais, à noite ele podia se deixar possuir pela fúria de pintar.

Para encontrar, é preciso abandonar toda esperança, renunciar sinceramente ao eu e a qualquer objetivo. Assim, "se estamos tranquilos, muita coisa acontece". E facilmente.

O que é válido para a arte é válido também para a vida, na qual cada um de nós está em situação de criação permanente. Para que uma mudança real possa ocorrer, é inútil passar pela vontade e pelo projeto. O caminho mais curto na compreensão do eu não passa pelo eu: "A solução de nossos problemas é externa e pode ser encontrada no ato de apreender nossa situação de nova maneira. Para isso, é preciso deixar que venha a nós aquilo que está em torno." François Roustang usa o exemplo de uma jovem que o procurou porque não conseguia deixar o filho em paz e brigava com ele a respeito de tudo. "Eu a convidei a cruzar os dois indicadores e esperar que eles se soltassem sem nenhuma intenção e sem querer fazer isso. Ela se deixou levar até esquecer a razão de sua presença no consultório. Após quinze ou vinte minutos, seus dedos se separaram e ela chorou." Quando voltou, na semana seguinte, ela constatou que suas relações haviam melhorado não somente com o filho, mas com todos que a cercavam. Dito de outro modo, é inútil refletir: basta um gesto. É o que Roustang chama, com humor, de "mística do garçom de café", que consiste em gritar "Bebida quente passando!" e avançar sem refletir, em vez de observar as xícaras cheias em sua bandeja. "Acima de tudo, não pensar, mas deixar que a vida multiforme nos conduza." Deixar que a vida assuma o controle, confiar na desordem e não temer o caos talvez seja a melhor definição desse *French flair* nascido nos campos de rúgbi durante partidas memoráveis. No momento em que tudo parecia perdido, subitamente o time da França, como se atingido por um raio que só ele sentira, transformou-se em um bando de fogos-fátuos aos quais não se podia resistir, e incendiou o campo. Como durante aquele golpe de gênio coletivo que permanece na história do rúgbi moderno sob o nome de "ponto do fim do mundo". Com efeito, em 3 de julho de 1994, os franceses estão bem longe de casa. Em Auckland, na Nova Zelândia, eles jogam contra a equipe All Blacks, que, a três minutos do fim do jogo, está vencendo por 20 a 16. Não há mais nada a perder. Atrás da linha de 22 metros, Philippe Saint-André, asa e capitão dos azuis, recupera a bola e, em vez de jogar como de hábito, ou seja, chutar, ele renuncia à lógica e decide partir direto para cima do adversário. Pegando todo mundo de surpresa, ele se desvencilha de três jogadores, é pego pelo quarto, que tenta derrubá-lo, resiste para esperar o apoio dos "grandes", os dois jogadores da defesa, Bénézech e Califano, e passa a bola para Gonzalez, que também decide fazer algo imprevisível. Em vez de tentar se reagrupar, como deve fazer um bom talonador, ele improvisa no meio da confusão e lança a bola, que chega a Deylaud e depois a Benazzi, que, também fugindo do modo habitual de jogar, faz uma finta, coloca os braços para trás para passar a bola e evita dois adversários: "Acho que foi a primeira vez que fiz algo assim, mas estávamos no fogo da ação e eu sentia que podia conseguir."[24] Ntamack e depois Cabannes. Aqui, a loucura aumenta: Cabannes pressente Delaigue às suas costas e faz um passe cruzado com precisão milimétrica. É um passe belo, limpo, fluido; os franceses parecem conhecer cada ação com antecedência, eles estão inspirados, são audaciosos, tudo dá certo para eles. Delaigue corre para a esquerda e parece até mesmo usar o árbitro como barreira para protegê-lo por um instante de um adversário. A lateral é marcada, ele lança para Accoceberry. A linha ainda está a 15 metros, mas Delaigue já ergue os braços. Ele sabe que seu passe foi perfeito, que o movimento só pode chegar ao "H" e que, apesar dos três jogadores do All Blacks que se aproximam, o ponto está feito. Para Accoceberry, basta apertar a bola contra o peito e mergulhar. A linha está lá. Ainda não acabou. Ele não está sozinho. À sua esquerda, estão Sadourny e Saint-André, que, não se sabe como, conseguiu seguir a ação, mesmo tendo sido placado ainda no início da jogada. Laurent Cabannes recorda: "Já não víamos a multidão, não ouvíamos nenhum barulho, estávamos a 1 metro do paraíso, atrás daquela pequena e ridícula linha de cal, e lá poderia haver um impedimento, uma placagem, qualquer coisa." Accoceberry só precisa marcar para entrar para a história, mas ele mantém o espírito de equipe e passa para Sadourny, que conclui a jogada. Oitenta metros de corrida, 27 segundos de jogo, dez jogadores franceses tocando a bola. Se alguém lhe perguntar o que é *French flair*, é isso. A França vence por causa de um golpe coletivo no último momento. Champagne!

Qual é a fórmula dessa alquimia? Nem mesmo os jogadores sabem. Accoceberry reconhece: "Você não consegue decompor a ação quando está em campo, porque tudo acontece muito rapidamente e você só participa por alguns segundos. Depois do jogo, se não houvesse a televisão, seria tudo meio confuso. Rever a jogada é incrível, porque o movimento é perfeito, como se fosse um treino, e você sabe que não seria capaz de reproduzi-lo." Contudo, Philippe Saint-André, que iniciou a jogada, acha que ela foi fruto de uma cultura: "Era o fim da partida, estávamos do outro lado do mundo, a linha ainda estava muito longe. Mas, para mim, foi um ponto tipicamente francês, uma mistura de atacantes em três quartos, passes cruzados, diretos e para trás, intuição [...]. Aquele ponto representou o patrimônio e a cultura do rúgbi francês, que nos permitiu jogar contra uma equipe anglo-saxônica e, aos oitenta minutos, marcar um ponto saído do nada. É uma memória excepcional!" E, mesmo que seja impossível reproduzir exatamente aquele ponto, marcado com o selo do improviso coletivo, é possível destacar os princípios que o permitiram, o espírito e o estilo de jogo "à francesa".

Aliás, aquela não foi a primeira vez que a França venceu com uma jogada *in extremis*, desafiando toda a lógica. Deve haver uma explicação para esse fenômeno. Serge Blanco, um ícone do jogo à francesa e autor de um ponto de mesma natureza em uma lendária semifinal contra

Deixar de refletir

a Austrália na Copa do Mundo de 1987, joga um balde de água fria no entusiasmo dos colegas: "O que é o *French flair*? É o fato de que, quando acreditamos que tudo está perdido, dizemos para nós mesmos que já não temos nada a perder. O *French flair* chega a ser um ato de covardia [...]. Somos capazes de criar situações nas quais, por acreditarmos que tudo está perdido, somos capazes de inverter a situação. Se fôssemos realmente honestos em relação a nós mesmos, jogaríamos desde o primeiro minuto como jogamos aos 75 minutos." De fato. Se o *French flair* só pudesse nascer da impotência, se fosse somente outro nome para a energia do desespero, não haveria de que se gabar. Mas o *French flair* não é isso. Para simplificar, enquanto os anglo-saxões jogam com a razão, os franceses apostam na intuição. Pierre Villepreux, que foi jogador e treinador do time da França e é considerado um dos principais adeptos dessa linha, explica: "Houve uma época em que, comparado ao jogo inglês, mais pragmático e estereotipado, a França desenvolveu um jogo mais inventivo. O *French flair* é essa tomada de uma iniciativa que, na maior parte das vezes, é inabitual. Isso exige inteligência na leitura de uma situação, coisa que nem todo mundo é capaz de fazer."[25] Portanto, ele não é simplesmente fruto do acaso ou do desespero, mas a capacidade coordenada que uma equipe tem de se comportar, ao mesmo tempo, como unidade solidária e como conjunto fluido de indivíduos autorizados a ler o jogo e, em tempo real, adaptar-se à desordem e explorá-la. "Inspiração" ou "inteligência situacional": pouco importa como chamamos essa faculdade de improvisação, o objetivo é se comportar em campo como uma banda de jazz, estando sempre pronto para seguir o colega, apoiá-lo e continuar de maneira indefinida. René Deleplace, considerado o teórico do "rúgbi total", que está na origem do *French flair*, não era somente um amante do rúgbi (tendo atuado como jogador e, então, treinador nas décadas de 1950 e 1960), mas também professor de matemática e, sobretudo, músico concertista (trompista). Ele defendia a ideia de um rúgbi de movimento perpétuo, de harmonia entre as linhas e de improvisação trabalhada.

Fácil

Foi ele quem criou o modelo do *French flair*. O paradoxo do rúgbi é que, mesmo sendo jogado de maneira intuitiva, assume-se que a consciência e o conhecimento preciso das regras são permanentes. Embora a improvisação seja a capacidade de pôr ordem na desordem, de se adaptar ao acaso, ela mesma nunca ocorre ao acaso, consistindo em uma sucessão de microdecisões tão rápidas quanto necessário, mas sempre conscientes da evolução do jogo em tempo real. No rúgbi, jamais se deixa de pensar, simplesmente se pensa e se decide na velocidade da bola.

Assim, o verdadeiro inventor do *French flair* foi Descartes. Deixar de refletir para agir não é cuspir na razão, mas colocá-la em seu lugar. Falamos de hipnose, de ioga, de não pensamento, da arte japonesa do tiro com arco... Mas foi ele, o inventor do racionalismo moderno, quem soube distinguir, com firmeza exemplar, o pensamento da ação. Quando pensamos, temos todo o tempo do mundo. Podemos nos recolher durante uma semana, meditar, escrever, talvez sonhar. Nada nos pressiona. Mas, quando a urgência da vida nos intima, aconselha a segunda máxima do *Discurso sobre o método*, não há tempo a perder. É preciso decidir, na maior parte do tempo sem qualquer certeza. Descartes começou a vida adulta como soldado. Isso frequentemente é ignorado. Ele sabia que, mais que o conteúdo, é a firmeza da decisão que pode pôr tudo a perder ou permitir que alguém se safe. O episódio narrado a seguir o convenceu disso.

Em 1621, aos 25 anos, Descartes deixou o Exército e começou a viajar por prazer. Após um longo périplo, interessado em conhecer a Frísia Oriental, ao norte da Alemanha, ele alugou um barco para viajar acompanhado por seu valete. Os "marinheiros" que contratou acharam a aparência do jovem francês rica e inofensiva o bastante para tentar atacá-lo e roubá-lo antes de jogá-lo na água. Estrangeiro vindo de longe, desconhecido por todos, ninguém sentiria sua falta. Tudo isso foi debatido em voz alta na frente do jovem em questão, que os marinheiros não supunham conhecer nenhuma língua além da própria. O que você acha que nosso filósofo fez? Como bom racionalista, tentou argumentar a fim de convencê-los de que aquilo era má ideia? Tentou trocar dinheiro por sua vida? Apelou aos sentimentos religiosos dos marinheiros, ameaçando-os com o castigo divino? Nada disso. Ele, que acreditava somente na força das demonstrações, decidiu dar uma demonstração de força. Tratava-se de um ato sem retorno, o dobro ou nada. Ele não teria uma segunda chance. Não havia tempo para pesar prós e contras. Era vencer ou morrer. Se eles tivessem a menor dúvida a seu respeito, ele estaria perdido. Conta Baillet:

O sr. Descartes, vendo que a situação era séria, levantou-se de súbito, mudou de atitude, sacou a espada com firmeza inesperada, falou na língua deles em um tom que os deixou apreensivos e ameaçou atacá--los ali mesmo, se ousassem insultá-lo. Foi durante esse encontro que ele percebeu a impressão que pode causar um ato de ousadia que, em outras ocasiões, pareceria pura bravata. O que ele demonstrou naquele momento surtiu um efeito maravilhoso sobre o espírito dos miseráveis. O terror que sentiram foi seguido de um atordoamento que os impediu de perceberem sua vantagem, e eles o conduziram tão pacificamente quanto se poderia desejar.[26]

Sim, o maior filósofo da era moderna também era um homem de ação. Era um cavaleiro francês, antes de ser um pensador.

– 8 –

Esperar sem expectativas

Eu não procuro, encontro.
Picasso

A primeira aula particular que dei — ou melhor, vendi, pois a ideia era ganhar dinheiro — foi para uma aluna do último ano do ensino médio chamada Vanessa. Ela tirara nota 4 em filosofia e faria o exame de conclusão de curso ao fim do ano. Eu jamais dera aulas particulares, mas as circunstâncias haviam me transformado, durante alguns meses, em futuro professor sem cargo, sala ou salário, e eu incluíra meu nome, sem qualquer expectativa, em uma lista de estudantes dispostos a dar aulas. Logo esquecera o assunto, até que o dia em que recebi uma mensagem pelo celular. Era Vanessa. Marcamos um encontro na casa de seus pais. Muito simpática e ligeiramente desesperada com a situação — afinal, tratava-se de um 4 —, Vanessa estava visivelmente estressada com a perspectiva do exame. Imediatamente decidi oferecer a ela a arma secreta que me permitira passar pelos exames escolares com a tranquilidade de um velho lobo do mar, mesmo em dias de tempestade.

— Você sabia, Vanessa, que certos objetivos só podem ser atingidos indiretamente? Por exemplo, se você pensa demais na prova, se só consegue pensar nisso, quando chegar o dia você estará paralisada pelo medo. Quando pensamos demais em um objetivo, aumentamos as chances de fracassar. Aqui, faça duas bolinhas de papel. Pegue a primeira e mire cuidadosamente no cesto de lixo. Quando estiver pronta, atire. Atenção, leve o tempo que precisar. Concentre-se. Mire bem. Errou! Fazer o quê. Onde você passou as últimas férias? Foi bom? E as próximas, onde quer passar? Agora, sem refletir, pegue a segunda bolinha e atire no cesto. Olha lá, dessa vez você acertou. Se quiser ter um bom resultado no exame, a melhor coisa a fazer é não pensar nele.

— Talvez — respondeu Vanessa —, mas, mesmo assim, preciso estudar. Devo ao menos visar a esse objetivo, certo? Senão, como vou progredir em filosofia?

— É claro que vamos estudar. Mas não com o objetivo de passar no exame, e sim para entender a matéria. Nem Descartes nem Platão tiveram de fazer exames de conclusão de curso: eles estudaram a filosofia por ela mesma, por eles mesmos, por prazer e por necessidade pessoal. Não para passar em provas. O que eles inventaram é apaixonante em si mesmo. Veja Montaigne. Você tem os *Ensaios* em sua biblioteca. Ele seguia apenas seu prazer, e isso lhe serviu bem. "Já que corremos o risco do descontentamento, corramos então o risco do prazer. O mundo faz o contrário e não pensa em nada útil que não seja também penoso; ele suspeita da facilidade." Todavia, "a bendita natureza tornou as coisas necessárias fáceis de obter, e as difíceis de obter, desnecessárias". Se você tem fome, coma. Se tem sede, beba. Se tem sede de conhecimento, passeie, explore, encontre-se com alguém, abra um livro. Tudo está ao alcance das mãos. O prazer é natural e fácil. Além disso, é bom para a saúde. "Tenho saúde de forma livre e inteira, sem regras e sem qualquer outra disciplina para além de meus hábitos e de meu prazer." Quando seguimos somente o prazer, não nos tornamos necessariamente imunes às doenças, mas temos menos chance de adoecer. E, quando estamos doentes, é o prazer que permite nossa recuperação. Montaigne disse que, quando ele estava doente, era inútil proibi-lo de beber vinho, pois ele não tinha vontade, de qualquer modo. Ele não precisava de remédios: sua administração era redundante, no melhor dos casos, e perigosa, no pior: "As pessoas que adoecem mais rapidamente e demoram mais para se recuperar são aquelas que se encontram sob a jurisdição da medicina. Sua saúde é alterada e corrompida pelas restrições dos regimes." Se o único objetivo da vida é a sobrevivência, se a existência se reduz a seguir um regime e só pensar na saúde, a doença corrompe até mesmo a ideia de saúde, e contamina tudo. Viver com medo de morrer não é viver. E a verdadeira saúde consiste em jamais pensar nela. A medicina, na época de Montaigne, merecia seu desprezo, mas, ao escrever "Os médicos não se contentam em controlar as doenças, eles adoecem a saúde, a fim de que jamais possamos fugir de sua autoridade", ele está descrevendo uma realidade que ainda é a nossa. Se substituímos o prazer de viver pela obsessão com a saúde, se todo alimento se torna um medicamento, é porque a saúde adoeceu. A saúde real não consiste simplesmente em fugir das doenças, mas em ter um horizonte. O prazer como horizonte ressitua a questão da saúde e, em vez de adoecê-la, torna a doença tão saudável quanto possível. Assim, proponho que você esqueça a prova e pense somente na filosofia. Se realmente tem interesse por ela, se está decidida a encontrar alegria nela, você fará o exame de soslaio, indiretamente, sem esforço e quase sem pensar. Eu sei que isso parece paradoxal, mas você viu o que aconteceu com as bolinhas de papel. É quando não temos expectativas que atingimos o objetivo. Quando pensamos nele, dá-se o inverso. Ter expectativas é achar que podemos falhar. Caso contrário, não as teríamos. Portanto, ter expectativas já é falhar um pouco, é ter começado a falhar. E não é treinando para ter expectativas que você vai progredir. Eu vou te emprestar o livro de Alain, *Minerve ou de la sagesse* [Minerva ou Sobre a sabedoria], e você pode pensar em me devolver. Leia o capítulo "A arte da atenção", no qual ele diz que não basta multiplicar as leituras e as anotações e se debruçar sobre os papéis para compreender alguma coisa. Agitar-se não é um bom método para pensar, "é errar cem vezes na esperança de acertar uma; mas a ação certa é sempre a primeira, e jamais devemos tentar". Como diria o mestre Yoda, que ordenou a Luke Skywalker, em *Star Wars*: "Não tente. Faça ou não faça, não existe tentativa."

— Eu realmente posso citar *Star Wars* na prova? — surpreendeu-se Vanessa, que começava a me achar um impostor.

— Não, não faça isso, e não tente. Você pode citar Alain. Mas, acima de tudo, não esqueça: alguns objetivos só podem ser atingidos indiretamente. Se você faz questão de citar o autor, a frase é de Nietzsche. O mais importante é aplicá-la. Se você entender que a filosofia foi feita para ser experimentada, e não simplesmente exposta, estará salva. Salva do tédio, do medo, da frustração de não compreender. As ideias são ferramentas que permitem apreender o real. Quanto mais compreender, mais alegria você sentirá. E será uma alegria que não se apaga: compreender uma vez é compreender para sempre. De passagem, indiretamente, você corre o risco de ter notas melhores. É uma astúcia, um truque, um pouco como o cavalo de Troia, mas, em vez de ser um truque mau, que serve para capturar os outros, é um truque bom, voltado para você mesma, que serve para libertá-la da angústia de fracassar.

— Se entendi direito — disse Vanessa —, quanto menos eu pensar no exame, mais chances terei de passar? Quanto menos pensar em minha nota de filosofia, mais chances terei de obter uma boa nota? Isso é meio absurdo, não? Se não visamos a um objetivo, como vamos atingi-lo? Se estou jogando basquete, por exemplo, é preciso que eu mire na cesta, não é?

— Sim e não. No basquete, antes de mirar, é preciso posicionar bem os pés, paralelos e em frente à cesta. O que mais conta é a posição dos pés, das pernas, do corpo. É preciso aprender a segurar a bola corretamente, não afastar os cotovelos, empregar todo o corpo; enfim, não vou dar uma aula de basquete, pois só sei o que me contaram, mas sei que, antes de lançar, os profissionais pensam primeiro em sua posição. É apenas no último momento que eles miram. No caso do tiro com arco japonês, a arte marcial definitiva, o objetivo é aprender a não mirar para

Esperar sem expectativas

acertar. No momento em que o arqueiro deixa partir a flecha, ele sabe que ela já chegou ao centro do alvo. Não há mais intenção nem objetivo. É difícil aceitar isso como ideia, seria necessário viver a experiência. Quando falo, tudo parece um pouco abstrato, no entanto, nada há de mais concreto. Você nunca teve a impressão, durante alguns segundos ou minutos, de fazer ou dizer exatamente a coisa certa, a impressão de que tudo dava certo para você? Você chega em um lugar lotado e, bem nesse momento, na sua frente, uma vaga é liberada. Parece de propósito.

— Sim, isso já me aconteceu, claro, mas foi um acaso. Não foi porque não pensei no objetivo que eu o atingi, foi porque eu estava no lugar certo na hora certa. Eu tive sorte.

— É verdade. Mas já foi prova de sua capacidade de adaptação. Não basta ser apresentado a uma ocasião para ser capaz de aproveitá-la. É preciso estar atento ao mundo. Pegar a onda certa, embarcar no trem certo é atingir um objetivo porque não pensamos em atingi-lo.

— Não tenho certeza de estar entendendo.

— Na esgrima, distingue-se entre os atiradores de meios e de julgamento. Os primeiros visam a um objetivo e empregam os meios para atingi-lo. Os segundos chegam ao objetivo sem visar a ele. Os primeiros têm técnica; os segundos, intuição. São duas abordagens radicalmente diferentes. Podemos começar com a intenção, refletir sobre como realizá-la, e, então, passar ao ato. Ou podemos fazer intenção e execução coincidirem, e a ação tem sucesso sem que se tenha refletido sobre ela. Evidentemente, a segunda abordagem é a vencedora, pois está sempre à frente, é mais rápida que o raciocínio. E um esgrimista que começa com a primeira abordagem pode progredir e passar para a segunda, tornando-se cada vez mais intuitivo. É como quando aprendemos um idioma: no início, precisamos pensar em cada palavra antes de dizê-la e temos muita dificuldade para conversar, porque nossos encadeamentos são refletidos, laboriosos. Quanto mais falamos, mais isso se torna natural e, pouco a pouco, conseguimos falar sem ter de pensar nas palavras que dizemos. Não é pensando nas palavras que as encontramos, mas pensando no que queremos dizer. Chegamos a nosso objetivo indiretamente, porque já não visamos a ele. As palavras vêm sozinhas. Certos objetivos só podem ser atingidos se não visamos a eles. A naturalidade, por exemplo. Se alguém tenta ser natural, nunca consegue. Sua naturalidade é impedida pela consciência de seu objetivo. É por isso que os muito apaixonados são sempre desajeitados: eles pensam tanto em agir com naturalidade que se tornam ridículos. Eles pensam demais em seu objetivo, e isso os paralisa.

— Como eu com meu exame.

— Exatamente. Poderíamos chamar isso de síndrome de Cyrano. Cyrano de Bergerac, o célebre personagem de Edmond Rostand. Você conhece a cena na qual ele desembainha a espada para lutar contra qualquer um que zombe de seu nariz: "No último verso, eu o tocarei com minha espada!" Seu virtuosismo lhe permite, ao mesmo tempo, visar a um objetivo, pois ele anuncia quando tocará o adversário, e improvar de maneira a atingir esse objetivo, pois é preciso surpreender o adversário. Ele duplica a dificuldade ao improvisar um poema em versos rimados ao mesmo tempo em que duela. Ele luta como se o combate não o interessasse realmente. E é por isso que vence. Ele alcança o objetivo dando a impressão de não visar a ele. Essa indiferença pelo objetivo é o grande segredo das artes marciais. Visar a um objetivo é provocar o fracasso ao considerá-lo possível, um pouco como a vertigem provoca a queda ao imaginá-la. Aquele que visa por muito tempo se esgota antes de ter iniciado seu golpe. Cyrano não visa: ele toca. No primeiro golpe. Ele não tenta, ele faz. De onde vem essa facilidade? De seu talento, evidentemente, mas sobretudo de sua atitude. Soberbamente indiferente ao sucesso, inacessível ao medo, ele parece estar acima de tudo. "Mas não lutamos com esperança de sucesso! Não! Não! A luta é ainda mais bela quando é inútil!" Sua famosa elegância frequentemente é vista, erroneamente, como apanágio dos perdedores. Perdedores esplêndidos, esses franceses apaixonados pela beleza do gesto, que preferem perder com bons modos a ganhar de maneira mesquinha. Não é assim. Cyrano, porque tem elegância, leva uma vida de vencedor, graças, precisamente, a sua indiferença pelo sucesso. Uma noite, ele vence sozinho cem adversários. Isso acontece porque é o único que não tem medo de perder a vida. O verdadeiro paradoxo de Cyrano, sua "síndrome", é que sua destreza com as palavras e em combate é acompanhada de uma incapacidade amorosa, uma timidez doentia que se deve justamente a seu nariz avantajado, e que o impede de se declarar à bela Roxane. Para ele, tudo é fácil, menos o que lhe é mais importante. A dificuldade, portanto, vem menos da ação em si que da aposta. Naquilo que faz com indiferença, ou melhor, sem medo — lutar, compor versos —, ele obtém sucesso, precisamente porque não pensa no assunto. Mas quando se interessa demais pelo alvo, quando pensa nele, visa a ele, Cyrano fracassa. Quando o alvo nos interessa demais, tendemos a fracassar. Eis, portanto, a moral da história de Cyrano: para atingir o alvo, é preciso não se interessar demais por ele.

— Ok — respondeu Vanessa —, mas como, concretamente, posso treinar para não ter expectativas?

— Concretamente, faça outra bolinha de papel. Se você acompanhou a história até agora, sabe que Cyrano tem medo de ser rejeitado por Roxane. Destemido em face do perigo de morrer, ele treme perante a mulher que ama. Se não a amasse, certamente poderia tê-la. É isso que poderíamos chamar de síndrome de Valmont, o oposto de Cyrano. Em *As ligações perigosas*, Valmont, sedutor impenitente, tem todas as mulheres que deseja, e mesmo as que não deseja, precisamente por não desejar nenhuma delas. Ele é um mestre da sedução, mas somente se for indiferente a suas presas. Não estando apaixonado, jamais perde a compostura, jamais é desajeitado ou infeliz: é sempre senhor da situação, pois não corre nenhum risco. O amor é fácil para ele, com uma condição: não amar verdadeiramente. Isso lhe dá o distanciamento, a confiança e a certeza que o tornam irresistível. Como um mestre arqueiro, ele só lança a flecha quando ela já tocou o alvo. Cupido cruel, amante francês dotado de um instinto matador, desprovido de qualquer escrúpulo, ele não recua diante de nada. Em resumo: Valmont. Ele é feliz? Essa não é a questão. Ele é bom no que faz, como um pescador ou caçador. Ele acumula conquistas, mas não conhece o amor. Ou, para ser mais preciso, *porque* não conhece o amor. Até que, um dia, conhece a bela, inocente e virtuosa Madame de Tourvel. Ela é seu oposto: sem segundas intenções, pura, leal, incapaz de dissimulação. Ela o encanta no mesmo instante, precisamente porque não deseja seduzi-lo. Sua naturalidade é irresistível, porque é sincera. Valmont não sairá ileso. Sim, ele alcançará seu objetivo — fazer com que ela se apaixone por ele —, mas a rosa tem espinhos: incidentalmente, ele se apaixonará por ela. Isso será ao mesmo tempo sua salvação e sua queda. Incapaz de suportar o sentimento sincero e de renunciar ao conforto de sua existência como sedutor indiferente, ele morre, literalmente, de medo de amar. Quando se interessa demais por seu alvo, ele termina como Cyrano. Agora jogue a bolinha no cesto. Sem refletir, sem mirar.

— Xi, errei. Eu já tinha mirado.

— E por isso errou. Não faz mal. Você entendeu a ideia. Entre os objetivos que só podem ser atingidos indiretamente, o amor é como na canção de *Carmen*: filho da boemia, jamais conheceu a lei. Podemos tentar ser amáveis, mas sermos amados, por definição, não depende de nós. A única maneira de ser feliz no amor é amar sem esperar reciprocidade. Temos o direito de esperar por isso, mas é melhor ser feliz por amar ou, melhor ainda, ser feliz, ponto. O amor é uma consequência da alegria de viver, um extra, a cereja do bolo. Émile Ajar, em *Gros-câlin* [Grande ternura], escreveu: "Sei igualmente que existem amores recíprocos, mas não tenho pretensão a esse luxo. Ter alguém para amar é necessidade básica."

— É como na música de Balavoine: *amar é mais forte que ser amado.*

— É sobretudo mais seguro, pois a reciprocidade jamais é garantida. Você conhece Balavoine? Achei que as músicas dele seriam antigas demais para você. É preciso não esperar reciprocidade, não como algo que nos seja devido. Ela só é possível sobre um fundo de liberdade. Nada é menos atraente que alguém que busca a todo custo ser amável. O paradoxo, mais uma vez, é que, para ser amado, é preciso não tentar sê-lo.

— Então o que devemos fazer?

— Nada. Devemos nos contentar em ser. A árvore fica feliz em dar frutos, pouco importando quem os coma. Não damos presentes para receber agradecimentos, mas pelo prazer de presentear. É melhor ficar sozinho que tentar agradar a qualquer preço. A liberdade e a forma de suprema indiferença que a acompanha ainda são as melhores estratégias, pois garantem, ao menos, a felicidade de sermos fiéis a nós mesmos. Amar não é somente amar alguém, o que sempre suscita a questão da reciprocidade, mas também amar isso ou aquilo, essa ou aquela atividade. Amar caminhar, correr, nadar, ler, cozinhar, observar etc. Amar a pintura, a música, a natureza. Estranhamente, é quando nos consagramos inteiramente a uma atividade, quando estamos envolvidos no que fazemos e nos esquecemos de nós mesmos, que somos mais amáveis. Não há nada mais sedutor que alguém apaixonado pelo que faz. Veja o paradoxo: estarmos absorvidos naquilo que fazemos ao ponto de nos esquecermos de nós mesmos nos torna tão amáveis quanto possível. É no momento em que esquecemos quem somos, em que estamos absorvidos no que amamos fazer, em que temos a impressão de não sermos ninguém, que somos mais profundamente nós mesmos.

— Mais uma vez, é quando não visamos ao objetivo que o atingimos...

— Exatamente. E isso é ainda mais intenso no amor, porque o "alvo", quando compreende que está sendo visado, forçosamente altera seu comportamento. Se nos interessamos demais pelo alvo, ele sente.

— Mas, se não nos interessamos o bastante, isso também não é bom.

— Sartre fez uma análise incrível do amor, que, segundo ele, é tomado por uma contradição fundamental: quando amo, quero que o outro seja livre, que ele me ame livremente, mas, ao mesmo tempo, quero que ele ame somente a mim, que sua liberdade se reduza a me amar.

— É um círculo vicioso.

— Do qual não podemos escapar. O apaixonado está sempre imerso demais no amor, que ele alimenta com sua imaginação. Stendhal descreveu a cristalização amorosa como "a operação do espírito, que tira de tudo que se apresenta a descoberta de que o objeto amado tem novas perfeições". Dito de outro modo, amar é inventar qualidades na pessoa que amamos e acreditar que elas lhe pertencem de fato. O amor é uma criação.

— Isso significa que é uma ilusão?

— Sim e não. Digamos que, no amor, o "trabalho" se faz sozinho, em ambos os sentidos. Não há nada a fazer. Nada além de ser. Não é necessário visar a um objetivo: se visamos a ele, já fracassamos. Se a flecha já não está no centro do alvo, não vale a pena tentar.

— É por isso que sempre representamos Cupido com um arco!

— Bem notado, na mosca! O voluntarismo é inútil no amor. O sentimento não pode ser forçado. Portanto, os esforços são inúteis. Tudo já está decidido. O mesmo vale para a amizade. Por que somos amigos? Montaigne responde, falando de La Boétie: "Porque era ele, porque era eu. Procuramos um pelo outro antes de nos encontrarmos [...] acredito que por alguma ordem dos céus." E René Char: "Nossa amizade é uma casca solta. Ela não se desprende das proezas do coração." Não há esforço a fazer, nem na amizade, nem no amor. Não há necessidade de proezas, não se trata de mérito. Acontece ou não, como uma reação química. Eu falo do início, evidentemente. Depois, é como um laboratório, exige um pouco de manutenção.

— Entendi. Mas é sempre assim — disse Vanessa. — Eu entendo, mas, depois, não consigo explicar. É fácil quando compreendo e difícil quando tenho de escrever.

— É assim para todo mundo. Basta escrever como se estivesse falando com alguém. Nada a impede de escrever a redação como se fosse uma carta e, no fundo, é esse o caso, porque alguém vai ler. Se, entre as centenas de redações que um professor deve ler durante a correção do exame, ele encontra uma que parece se dirigir verdadeiramente a ele, isso faz diferença. Há chances de que ele fique mais envolvido e interessado. Escolha mentalmente uma pessoa real ou imaginária e escreva para ela a fim de explicar algo. Imagine as objeções que ela pode apresentar e responda, construindo um verdadeiro diálogo. Até mesmo Descartes é muito mais fácil de entender e agradável de ser lido quando conversa com a princesa Élisabeth, com quem manteve uma correspondência apaixonante e sensível. A filosofia é difícil quando se compõe somente de ideias no ar, e muito mais fácil quando se trata da conversa com alguém. Platão coloca Sócrates em cena nos *Diálogos* a fim de que ele enfrente seus adversários. A discussão entre duas pessoas diante de testemunhas é mais excitante que a exposição de argumentos abstratos. *Górgias* é um combate de pesos pesados: de um lado Górgias, o campeão dos sofistas, e do outro Sócrates, o campeão dos filósofos. Você pode escrever imaginando estar ouvindo uma conversa entre você e seu irmão, por exemplo, ou entre você e eu. Quando não pensa nas palavras que emprega, mas na pessoa a quem se dirige, as coisas acontecem naturalmente. Alguns objetivos só podem ser atingidos...

— ... indiretamente.

— Isso aí.

— Mas *eu não sei* escrever.

— Quando você era criança, não brincava de polícia e ladrão, de médico, não fingia ser heroína ou cantora? No pátio da escola, todo mundo finge. Se você finge bem, funciona. Os atletas de alto nível também fazem isso, visualizando gestos para imprimi-los na mente e no corpo antes de executá-los. O método consiste em agir como se já tivesse atingido o objetivo, precisamente para atingi-lo. Você já teve aulas de direção? Se finge saber, isso lhe dá a segurança necessária para dirigir. Quando fazemos algo pela primeira vez, o truque é agir como se já soubéssemos fazê-lo. É preciso não refletir indefinidamente, mas se atirar. Com uma confiança cega. Você lembra? Fazemos ou não fazemos, mas não tentamos. Tudo reside na atitude. Mude a sua. Insira autoconfiança em sua postura. Finja se sentir confiante, imite a autoconfiança, e você terminará por senti-la de verdade. É preciso usar o corpo quando queremos modificar a alma. Descartes explica isso em *As paixões da alma*. Diretamente, você nada pode contra as paixões que a possuem. A tristeza, por exemplo. É impossível se livrar dela por meio da vontade. Não existe nada pior que alguém dizer: "Mas você tem todas as razões para se sentir feliz! Você não tem o direito de estar triste!" Se não temos nenhuma razão para tristeza, isso nos torna ainda mais tristes. É uma espiral. Descartes dá outro conselho: pense em uma alegria que sentiu e a imite, ou seja, recoloque o corpo na mesma situação ou posição. Da última vez em que me senti feliz, eu assobiava uma canção, com as costas eretas e passos rápidos, respirando fundo. Muito bem! O que acontecerá se, em vez de ficar deitado no sofá, deprimido, eu me levantar e caminhar vigorosamente, com as costas eretas e respirando fundo, assobiando minha música favorita? O truque consiste em passar pelo corpo, e não pela vontade. Se recoloco o corpo em estado de alegria, minha alma sentirá verdadeiramente a alegria que comecei a imitar. Aquilo que é difícil ou impossível de se conseguir por meio da vontade é fácil para o corpo. Outro exemplo: você morre de medo de não passar no exame...

— Não tenho medo.

— É só um exemplo. Se você quer que esse medo desapareça, não basta querer! Diretamente, a vontade e o raciocínio nada podem contra o medo. É por isso que, apesar de tudo que eu disse, você continua morrendo de medo.

— Não, não estou!

— Está sim. Sua vontade é impotente. Não podemos mudar de humor somente porque decidimos. É preciso empregar artimanhas, usar desvios, passar pelo corpo, e não pela mente. O que você dirá a seus filhos no dia em que eles precisarem fazer a mesma prova? Que você não compareceu porque estava morrendo de medo!

— Pare com isso, é claro que vou comparecer!

— É claro que sim, e vai se sair bem. Sabe por quê? Porque você já não está com medo. Agora está colérica. Entendeu o truque? Não é

Esperar sem expectativas

pensando no medo que o fazemos desaparecer, mas experimentando a raiva, por exemplo. Jogando paixão contra paixão. Ou seja, não é a reflexão que pode modificar uma paixão, mas outra paixão. Se você consegue encolerizar alguém que sente medo, a pessoa esquecerá que estava com medo. Agora você deve aprender a fazer isso sozinha. John McEnroe, um grande campeão de tênis, sabia se encolerizar na hora certa: quando começava a duvidar, quando sentia que estava prestes a perder o controle sobre o jogo, ele utilizava a raiva como um iogue utiliza a meditação, e o não pensamento: para reencontrar seu centro. Para impedir que outras emoções o desestabilizassem. E para desestabilizar o adversário, evidentemente, mas, sobretudo, para se concentrar e pensar somente no jogo. Paradoxalmente, quanto mais colérico ficava, mais calma ele sentia. A vergonha também pode dar coragem. E o amor é ainda mais eficaz. É a técnica de Yannick Noah como capitão da equipe. Dar a seus jogadores suficiente amor para lutar contra o medo, de perder ou de ganhar. Aquilo que faço por amor, faço melhor do que se agisse somente por mim mesmo. "Você não está sozinho, nós amamos você, mesmo que perca" é mais eficaz que "Você está sozinho, nós só o amaremos se ganhar". Não é pensando em vencer que vencemos mais facilmente. De novo: certos objetivos só podem ser atingidos indiretamente. Em relação ao medo, eis um último truque, em caso de necessidade: o medo vem sempre da imaginação. Assim, basta ocupar a mente com alguma coisa que fixe sua atenção e a impeça de pensar no que causa medo. É preciso encontrar uma ocupação suficientemente difícil para exigir atenção, mas não difícil demais. Deve ser qualquer coisa que você já saiba fazer. Também vale assistir a uma boa série. Ela tem de ser boa, senão a mente começa a pensar em outra coisa. Concentrar-se na respiração, se não houver nenhum outro recurso, sempre funciona. Siga um ritmo lento e profundo, acompanhando um metrônomo imaginário, e você reencontrará a calma e a compostura. Não enfrentamos o medo diretamente, nós o fazemos desaparecer indiretamente.

— Sem visar a isso, eu entendi.

— Sente-se melhor?

— Funcionou, já não estou com medo.

— Está colérica?

— Um pouco. Sobretudo por ser tão burra.

— Pare com isso, senão quem vai ficar nervoso sou eu. Como você sabe que é burra?

— Bom... tirei 4. Essa nota dispensa comentários. Ela está escrita, preto no branco, em minha redação. A professora até mesmo me deu um trabalho suplementar. Ela não disse nada, mas tive a impressão de estar sendo punida. Preciso escrever quatro páginas sobre o tema "O trabalho liberta?"

— Isso me lembra algo. Onde está sua redação? "Trabalho insuficiente, blá-blá-blá, falta de disciplina, blá-blá-blá, melhore sua forma de expressão." Muito vermelho, pouca benevolência. Parece uma avaliação de boletim escolar, e não uma verdadeira correção. Ou melhor, uma correção no pior sentido do termo, como nas casas de correção. Felizmente, elas já não existem. Ou, ao menos, mudaram de nome. No quarto ano, tive um professor de francês genial, que também dava aulas de latim e grego, em um total de dez horas semanais. Um dia, perguntei por que ele não escrevia um livro. Você sabe o que ele respondeu? "Quando sabemos fazer, fazemos. Quando não sabemos, ensinamos." Eu adorava suas aulas de etimologia. Você sabe de onde vem a palavra "disciplina"? Ela tem dois sentidos, que se confundiram ao fim de uma longa história. No início, em latim clássico, o discípulo era aquele que aprendia — *discere* significa "aprender". Uma disciplina era uma ciência, um conteúdo, um ramo do conhecimento. Alguns séculos mais tarde, no latim cristão, a palavra adquiriu o sentido de correção, castigo e regra monástica. A disciplina já não era algo que se aprendia, mas a maneira como esse algo era aprendido, internalizado, por meio das regras, e, se necessário, de golpes da régua ou do chicote: na Idade Média, a palavra foi empregada para designar o chicote que servia ao flagelo e pode até mesmo ter adquirido o sentido de "carnificina" ou "massacre", consequências do exercício de uma justiça. A ideia de que a justiça possa ter dado lugar ao massacre é, em si mesma, plena de ensinamentos sobre a mentalidade de uma época. Em alguns séculos, passamos da visão antiga, na qual a punição era reservada aos que não trabalhavam, para a visão cristã, na qual a punição se tornou, ao mesmo tempo, a regra, a maneira e, no fundo, o único conteúdo do ensinamento. Sofra, sofra, sempre restará alguma coisa. Como quando dizemos "Agora você vai aprender!" Deus nos castigou. O sofrimento não é um acidente, mas um destino, a consequência do pecado original. A existência é culpável, e devemos pagar. A punição já não é um caso extremo, um último recurso quando se acaba a paciência, mas um objetivo. Você dará à luz com sofrimento e aprenderá da mesma maneira. Não há outro caminho que não o do calvário. Como se a única imitação válida de Cristo fosse a de suas últimas horas. A escola repousa até hoje sobre esse *a priori*, pois as punições, onde ainda existem, quase sempre consistem em trabalho suplementar. Dar um dever à guisa de sanção é reconhecer a equivalência entre trabalho e punição, reconhecer que a própria escola é somente um longo castigo, felizmente interrompido pelo recreio e pelas férias. Se você pergunta às pessoas, a maior parte fala da escola como suplício. Mas, se pergunta às palavras, "educar", do latim *exducere*, significa literalmente "conduzir para fora". Conhecer significa nascer com ("co" vem de *cum*, "com"): crescemos graças ao que aprendemos. Aprender é tomar do exterior, como em apreender (prefixo *ad*, "na direção de"). O que vemos nessas palavras é o movimento na direção do exterior. Nascer pode ser doloroso, mas essa dor não é o objetivo do nascimento, somente uma consequência inevitável da passagem do interior para o exterior. O que faz o bebê chorar não é o horror da queda na encarnação, mas a dor dos pulmões que se abrem como flores, dos olhos que passam da escuridão para a claridade, da pele que perde a carícia do líquido e sente a ardência do ar. Trata-se de uma dor passageira que, em breve, será um prazer, uma alegria: a alegria de existir. Ex-istir, *ex-stare*: estar fora de si. Passar do interior para o exterior, deixar o ventre da mãe para chegar ao mundo. Os olhos em breve terão algo a ver, a pele algo a sentir, o corpo algo a fazer. O próprio crescimento pode causar dores ou dificuldades, mas a dor não é o objetivo do crescimento, somente seu corolário. Para os gregos, particularmente para Aristóteles, o objetivo do crescimento era a passagem da potência ao ato. A potência é a possibilidade contida por cada ser, aquilo que ele pode vir a se tornar. O ato é a potência desenvolvida, efetivada. Como uma semente se torna planta, flor e fruto. O fruto era potência na semente, e é a semente em ação. Essa passagem do interior para o exterior é uma expressão: alguma coisa pressiona, empurra de dentro para fora, a fim de se realizar. Esse movimento é natural, não é necessário sofrimento para crescer. Ou, mais precisamente, se há sofrimento, trata-se somente das dores do crescimento, ligadas ao aumento da potência, ao desenvolvimento do ser que acede a suas verdadeiras dimensões. Ele jamais é infligido a partir do exterior. Não puxamos as folhas e as raízes de uma árvore para fazê-la crescer. É ela que estende as folhas para o sol e as raízes para a água. O esforço que ela faz é esforço que é, e nada lhe custa. É ela que quer crescer para se realizar.

Mas se realizar, para um ser humano, significa sair da animalidade. Uma criança não se desenvolve como uma planta nem cresce como um animal, contentando-se em permanecer idêntica a si mesma, em repetir sempre e para sempre a lei de sua espécie. Tornar-se humano é tornar-se alguém. É preciso se desgarrar da natureza para se inventar. Esforçar-se contra o que somos no momento do nascimento, contra a natureza, contra o instinto, a fim de construirmos nossa humanidade. Esse é o verdadeiro sentido da palavra "educação": ela tem o objetivo de conduzir a criança para fora do imediatismo quase vegetal de sua existência animal e lhe dar forma humana por meio do aprendizado da linguagem, das artes e das ciências. A criança deverá trabalhar. "O homem se forma por meio do esforço", disse Alain, "e seus verdadeiros prazeres precisam ser ganhos, merecidos. Ele deve dar antes de receber. Essa é a lei."[27]

Mas a palavra trabalho sofreu o mesmo destino que a palavra disciplina. Segundo uma etimologia duvidosa que se tornou corrente, "trabalho" viria de *tripalium*, um instrumento de tortura que imaginamos, puramente em razão do nome, ser responsável por infligir ao menos três formas de sofrimento. O trabalho designaria, em primeiro lugar, a ação do algoz, encarregado de torturar, de "trabalhar" o condenado. O trabalho, conforme fôssemos sujeito ou objeto, consistiria em infligir ou receber dor durante a aplicação da justiça. Com o objetivo de elevação da alma, de crescimento espiritual pela negação do corpo. Contudo, existem outras etimologias, menos violentas e muito mais convincentes. Em "trabalho", podemos reconhecer o prefixo *trans*, que significa "através" e indica a ideia de passagem: um trabalho transforma, permite passar de uma forma a outra. Em "trabalho" [*travail* em francês], ouvimos o inglês *travel*, "viagem": o trabalho, mais que um esforço no mesmo lugar, privado de sentido e associado a um instrumento de tortura, seria uma experiência, um movimento, uma descoberta: a formação de algo novo. O trabalho, como a viagem, forma ao transformar, dá forma ao mundo e àquele que o atravessa. A palavra trabalho, se ouvida corretamente, não é mais sinônimo de sofrimento e penitência, mas, ao contrário, promessa de realização e de prazer.

Em alguns séculos, passamos de uma ideia fundamentada na expressão da natureza a uma concepção fundamentada no castigo. E, se a educação é frequentemente vivida como punição, é porque infelizmente muitos professores e pais, tendo sido submetidos a esse modelo, continuam a concebê-la e praticá-la como tal. Mas as ameaças jamais ensinaram nada a quem quer que fosse. No melhor dos casos, ensinaram a obedecer servilmente, a repetir a lição do mestre, a usar a coleira do cão no lugar da liberdade do lobo. O medo da punição jamais deu origem ao menor pensamento. O contrário seria um milagre. Educação não é adestramento nem curso de etiqueta. Segundo Rousseau, o aprendizado precoce da polidez pode prejudicar o desenvolvimento da virtude real, ao inculcar, desde a tenra infância, a ideia de que basta pronunciar as palavras corretas, como se fossem uma fórmula mágica, para obter o que queremos dos outros. Paradoxalmente, a polidez pode gerar pequenos tiranos. Quanto à disciplina, aplicada cedo demais, é mais satisfatória para os adultos que adequada às crianças. A punição não é somente ineficaz e contraproducente. A ameaça jamais levou à autoconfiança ou à audácia: ela gera medo e indiferença. Aqueles que acreditam que o respeito se aprende pelo medo fazem uma ideia lastimável do respeito, e o confundem com a obediência. Quando temos medo, nada aprendemos, só trememos. Vamos fazer um passe de mágica com sua redação. Amasse-a até formar uma bola. Vamos lá. O que você tem a perder? Você realmente quer guardá-la? Com essa nota, você não vai querer emoldurá-la.

Depois de hesitar por alguns segundos, Vanessa tomou uma decisão e amassou a folha com prazer.

— Muito bem. Você sabe o que precisa fazer em seguida.

Após uma breve reflexão, levando somente o tempo necessário para parar de refletir, ela jogou a enorme bola de papel na direção do cesto de lixo, sem mirar nem tremer. No momento em que viu que acertara e começou a comemorar, feliz e rindo, sua mãe bateu à porta. Não vimos o tempo passar. Duas horas haviam se transformado em três. Ligeiramente espantada, mas com uma polidez impecável, a mãe me agradeceu, esperando que aquele bom humor significasse que a filha se reconciliara com a filosofia e que bons resultados se seguiriam. Eu esperava o mesmo. Então me levantei antes que ela notasse a redação no cesto de lixo, prova manifesta de que podemos transformar fracasso em sucesso e aprender a esperar sem expectativas. Um pouco constrangido, peguei o envelope que ela me estendeu e o guardei no bolso de trás. Até logo, obrigada. Até breve. Era minha vez de fazer um passe de mágica, e desapareci.

Feliz com a primeira sessão, voltei a pé ao apartamento de minha amiga Sarah, no animadíssimo bairro de Halles, onde estava temporariamente hospedado. Decidido a gastar minha recém-adquirida fortuna, eu a convidei para jantar. Saímos. Já era noite. Em busca de um restaurante, caminhamos pela rua Montorgueil, a mesma que eu usara para retornar ao apartamento. Maquinalmente, coloquei a mão no bolso de trás e descobri que estava vazio. O envelope desaparecera. O engraçado é que eu não gostara da ideia de receber dinheiro pela aula. Devia estar em ação alguma espécie de justiça natural. Meu bolso sofrera um lapso revelador e perdera o dinheiro que eu não queria. "Espere", disse Sarah, "vamos procurar. Vamos refazer o caminho em sentido inverso." "Deixe para lá, isso já foi há uma hora, não há chance de encontrarmos. Ao menos poderei dizer que realmente *dei* uma aula. Além disso, fiquei repetindo que certos objetivos só podem ser atendidos sem que visemos a eles. Se há um pouco de verdade no que eu disse a minha aluna, para ter alguma chance de recuperar aquele envelope, não devo procurar por ele. Mas, espere um pouco..." Diante de nós, no meio da rua, sujo pelas pisadas de transeuntes desatentos, bem no lugar onde eu decidira não procurar por ele, estava o envelope. Com um arrepio, eu me abaixei, peguei o envelope e o abri: o dinheiro ainda estava lá. "Você está brincando comigo", disse Sarah, com os olhos arregalados e incrédulos. "Você sabia que o envelope estava aqui! Não é possível! Como fez isso?" Eu nada fizera, evidentemente, mas jamais esqueci a emoção de ter aquele envelope perdido e reencontrado em um mesmo movimento, contra todas as expectativas, como um pequeno milagre para demonstrar, de maneira irrefutável, a veracidade de um princípio que, hoje, compõe o cerne deste livro: alguns objetivos só podem ser atingidos se não visamos a eles. Quando contei a história a Vanessa na aula seguinte, ela a achou inacreditável. Mas, acima de tudo, percebeu que, se funcionara para mim, poderia funcionar para ela.

Na prova de filosofia, alguns meses mais tarde, ela obteve nota 18. Melhor que a minha em sua idade. Alguns objetivos só podem ser atingidos indiretamente. CQD.

– 9 –

AS LEIS SECRETAS DA ATENÇÃO

Eles não veem porque olham demais.
Alain

Escrevo este livro à beira-mar, acalentado pelo barulho constante das ondas. Mesmo quando o mar não está presente, eu o imagino para escrever. O mar é o maior segredo da humanidade, um segredo que estamos sempre prestes a compreender, por mais que ele esteja ali, diante de nossos olhos. E, no entanto, basta prestar atenção. O ritmo. O grande segredo é o ritmo. Consideramos o mar um espaço, mas ele é principalmente um tempo, um tempo circular. O vale de uma onda será igualmente seu pico, dali a pouquinho, em um instante. E esse pico voltará a ser vale. Tudo que está no alto chegará lá embaixo — portanto, modéstia —, e tudo que está lá embaixo chegará ao alto — portanto, esperança. É, ao mesmo tempo, uma metáfora e uma realidade. O mar existe, e o que diz seu silêncio? A filósofa Simone Weil escreveu: "Toda força visível e palpável está sujeita a um limite invisível que jamais superará. No mar, uma onda sobe, sobe e sobe, mas certo ponto — no qual, entretanto, só há vazio — a interrompe e faz descer novamente."[28] Essas palavras, escritas em 1943 em Londres, soam como uma promessa. Por mais que Hitler pudesse crescer, ele terminaria caindo, pois essa é a lei das ondas e da história. O nazismo subira como uma onda. E cairia da mesma maneira, previu Weil. Nenhum progresso é indefinido, ele sempre tem um ponto de parada e equilíbrio. Mas o mar não dá somente lições de história; acima de tudo, ele oferece o mais belo exercício de percepção. Em suas *Entrevistas à beira-mar*, Alain, que foi mestre de Simone Weil, chamou o oceano de "destruidor de ídolos": "O mar não cessa de dizer que as formas são falsas. Essa natureza fluida refuta todas as nossas ideias." Cabe a nós inventar as ideias e, em seguida, tentar enfrentá-las em um mundo sem forma. O mar não pensa, ele se contenta em ser, tudo é mutável, nada dura. Mas ele respeita um ritmo. A onda se quebra e recua antes de retornar; sua potência vem desse recuo, que lhe fornece ímpeto. O mar nos diz que é preciso aprender a relaxar durante o esforço, como os remadores que descansam entre cada remada. Quem quer agir verdadeiramente deve aprender a não agir sempre: o repouso deve estar integrado à ação. Em *Minerve ou de la sagesse*, Alain observou: "Quem pressiona sempre pressiona mal. O verdadeiro atleta é aquele que repousa durante o próprio jogo e só cerra o punho no momento do golpe." O jogo é aquele do qual participamos, boxe, esgrima, canoagem, corrida, esportes com bola, mas, sobretudo, o jogo de nosso corpo, o jogo dos músculos, das pernas, da alternância entre contração e relaxamento, necessária à ação adequada. Observe um sprinter em câmera lenta: você verá o relaxamento de seu rosto, de suas bochechas, que parecem flutuar no ar. O objetivo de um sprinter, sobretudo na última parte da corrida, é atingir o maior relaxamento possível. Essa alternância entre esforço e repouso, que o mar exemplifica com o jogo das ondas, é a primeira lei natural. Esse ritmo rege toda nossa vida, e é melhor conhecê-lo. Segundo Alain: "Quem se priva de sono se priva de despertar. Quem não dorme o suficiente é literalmente envenenado pela própria agitação; quem dorme se limpa dela." O repouso permite que o espírito se "limpe", se renove como uma onda. E esse repouso não deve ser pensado simplesmente como noite em oposição ao dia ou sono em oposição ao despertar: "Aqueles que estudaram continuamente os sons mais débeis descobriram algo que não esperavam. Um som muito débil e contínuo é ouvido como descontínuo; a atenção bate como um pulso; ela tira pequenos cochilos; ela se recusa e, depois, retoma." Contrariamente ao que pensamos em geral, a atenção jamais é contínua. Não é uma questão de vontade: ela não pode ser contínua. Ela obedece a um ritmo, com altos e baixos. A atenção é uma onda que precisamos aprender a surfar.

Neste capítulo, reuni tudo que nos permite compreender os mecanismos da atenção. Trata-se de um verdadeiro caderno de receitas, e eu o concebi assim para que você possa retornar a ele quando necessário. Eu chamei o capítulo de "as leis secretas da atenção" porque, embora estruturem todas as nossas atividades, e nossa vida as obedeça nos menores detalhes, tais leis permanecem essencialmente ocultas. A facilidade não é somente um sonho; ela está ao alcance das mãos, e podemos começar imediatamente. Basta seguir o método adequado.

Descartes, um passo depois do outro

Um método, como indica o nome, serve para facilitar a vida. *Odos* ou *hodos*, em grego, significa "o caminho". Você certamente já ouviu falar do método inventado por Descartes, sem necessariamente conhecer seu conteúdo. Trata-se de um método que indica o caminho a seguir para raciocinar tão facilmente quanto possível, mas, como veremos, também pode guiar a ação. E inclui somente quatro preceitos: evidência, divisão da dificuldade, ordem, enumeração.

1. A evidência. Vem do latim *video*, "ver". A evidência é o que se produz quando vemos alguma coisa com os olhos da mente, ou seja, quando a compreendemos. A evidência não é um ponto de partida, mas um resultado. O resultado da atenção. Imagine a atenção como um raio de luz, o facho de uma lanterna. Esse facho

é estreito, mas intenso. A atenção não pode, portanto, se voltar para muitos objetos ao mesmo tempo. Idealmente, deve se voltar para somente um ponto de cada vez. Assim, é preciso sempre:
2. Dividir a dificuldade. Pensar em somente uma coisa de cada vez. Não querer entender tudo de uma só vez. Não se apressar, dar um passo depois do outro e levar o tempo necessário para chegar à evidência. Uma grande dificuldade deve ser dividida em tantas partes quantas forem necessárias. Depois que essas partes já foram divididas e compreendidas, é preciso colocá-las em:
3. Ordem. Pensar é colocar as partes que dividimos na ordem correta. Uma ordem lógica, inventada, como a de uma demonstração matemática, de um livro ou de um método para aprender a jogar tênis. Partimos do simples para chegar ao complexo, a fim de passar progressivamente do mais fácil para o mais difícil. É a ordem que torna fácil o progresso. Como dividimos a dificuldade em pequenas partes e as colocamos em uma nova ordem, é preciso garantir que não nos esquecemos de nada e, para isso, passar à:
4. Enumeração. Um inventário. Um panorama geral. Uma visão do conjunto. Chame como quiser: a ideia é assegurar que não deixamos nenhuma parte importante de fora. O risco, quando prestamos atenção a um ponto, é perder de vista o conjunto. Assim, é preciso ampliar regularmente nosso ponto de vista, de modo a verificar que tudo continua lá.

Muito bem. Agora que já apresentei os quatro preceitos do método cartesiano, que repousam sobre a constatação de que nossa atenção é estreita e não pode compreender muitas coisas ao mesmo tempo nem muito rapidamente, acrescento que ela não pode durar muito tempo. Antes de tudo, é preciso que você saiba repousar, relaxar completamente entre dois momentos de concentração, e conhecer a si mesmo para determinar por quanto tempo é capaz de se concentrar sem falhas. Para Montaigne, eram dez minutos. Prestar atenção não é forçar nem se contrair. Sobretudo, sobretudo não insistir. Nas palavras de Montaigne: "O que não vejo da primeira vez, vejo menos ainda se me obstino." Não se obstine, relaxe, você pode tentar novamente mais tarde, quando tiver reencontrado o frescor. Isso ocorrerá após alguns segundos. Ou minutos. Ou no dia seguinte. Cada um segundo seu ritmo.

O conselho essencial é não tentar vencer a dificuldade com um único golpe. Não tentar compreender tudo, nem de uma vez só. Resolver é dissolver, dividir em tantas partes quanto possível aquilo que se apresenta como um todo esmagador. Se respeitamos esse método, dividindo a dificuldade e organizando suas partes da mais fácil para a mais difícil, avançando "pouco a pouco, em degraus", como em uma escada, qualquer que seja a coisa sobre a qual pensemos, "não haverá coisa tão difícil que não a compreendamos, nem tão oculta que não a possamos descobrir". Dar um passo depois do outro, não correr sobre o fio da demonstração, assim como o funambulista não corre sobre o cabo: ele só dá o passo seguinte se estiver equilibrado. Assim, iremos tão longe quanto possível.

Essa lei da divisão da dificuldade e da concentração do esforço também é válida para a ação. Alain aconselha: "Não pratique a ação de uma vez só; não se prepare para saltar sobre a colina inteira; não pense em todos aqueles quilômetros a sua frente."[29] Napoleão, de maneira muito cartesiana, recomenda não atacar por toda parte ao mesmo tempo. É melhor se limitar a locais precisos e dedicar a eles toda a atenção. Uma ação de intensidade máxima sobre um local é mais eficaz que um esforço disperso. Dividir a dificuldade não significa dividir o esforço, mas concentrá-lo em um ponto após o outro. Mais que a "batalha paralela" da antiga estratégia, em que se lutava em toda parte ao mesmo tempo, Napoleão praticou a batalha-manobra, que consiste em atacar certos pontos estratégicos com todas as forças. Em vez de lutar em linha, cravar cunhas nos pontos de articulação, vitais para o adversário. A acupuntura atua da mesma maneira: ela é mais efetiva quando algumas agulhas são inseridas em pontos precisos, e não posicionadas de modo disperso por todo o corpo. Isso supõe saber quais são os pontos adequados. Assim, é preciso simplificar a percepção e não se perder nos detalhes, mantendo sempre a visão de conjunto. "Há muitos bons generais na Europa", disse Napoleão, "mas eles querem coisas demais; eu vejo as massas e as ataco, certo de que os acessórios cairão por si mesmos." Se atacamos as dificuldades na ordem correta, algumas desaparecem sozinhas. Essa questão da ordem também se relaciona à organização do ataque: "Não é com grande número de soldados, mas com tropas organizadas e disciplinadas que se obtém o sucesso na guerra." As coisas não são fáceis ou difíceis. É a ordem em que as colocamos que produz a facilidade. A ordem e o local onde atacamos.

Platão e a arte de trinchar uma galinha

Platão comparou a dialética, ou a arte de pensar corretamente, a trinchar uma galinha: não é preciso fazer força, atacando os ossos, mas deslizar a faca nos pontos de menor resistência, nas articulações. Pensar corretamente é separar o que já é distinto, respeitar a anatomia das coisas simplesmente ao estar atento a elas. Não atacamos violentamente, mas nos inserimos sutilmente, procurando a articulação. A lâmina da mente nada destrói, ela desliza entre as ideias. Compreender um problema é a mesma coisa que compreender uma galinha. Essa metáfora talvez desagrade aos vegetarianos, mas podemos adaptá-la às frutas e aos legumes. Há uma arte em separar a fruta de sua pele sem feri-la, deslizando a unha e depois o dedo entre a laranja e a casca para separá-las sem que o suco escorra, em descascar uma banana sem amassá-la, em cortar um pêssego sem atingir o caroço. A metáfora perde dureza, pois, na ausência de ossos, podemos cortar a fruta ou legume como quisermos, mas ganha em outro plano, pois supõe atenção mais refinada a resistências sutis, e introduz a ideia de tempo, de maturação. Podemos julgar a maturação de um abacate pela maneira como a polpa adere ou não ao caroço, mas então já não poderemos fechá-lo novamente. É melhor, antes de cortá-lo, avaliar sua firmeza, como fazemos com um pêssego ou um damasco. Mas, no caso do abacate, a espessura da casca torna o exame incerto. Como no caso do melão, podemos observar se o cabinho está prestes a se soltar. De qualquer forma, o tato e a observação prevalecem sobre a faca. A mão sente e sabe que, se há resistência, não há maturação. É preciso saber esperar. Quando as coisas estão maduras, elas ocorrem por si mesmas. Temos aqui um princípio de raciocínio e de ação: procure as articulações, exerça seu esforço sobre elas, e esse esforço não será em vão. Prestar atenção é deslizar entre as coisas onde é fácil, em vez de atacá-las de qualquer jeito.

A síndrome de Orfeu ou a lei da inversão do esforço

Por que Orfeu se virou para olhar para Eurídice? Evidentemente, porque fora proibido de fazê-lo. Ele não foi o verdadeiro responsável pela morte da esposa, mas o perverso Hades, o deus dos infernos, que criou a mais simples das armadilhas: colocou em sua mente a ideia de uma ação proibida. O deus dos infernos lançou a semente do mal e inventou a tentação. Se Orfeu não estivesse pensando em não se virar, não o teria feito. Quando pensamos em resistir a uma tentação, já sucumbimos a ela na imaginação. Ao fazermos um esforço contra um pensamento, nós o reforçamos. Poderíamos chamar isso de síndrome de Orfeu ou de lei da inversão do esforço.

"Chega um momento", escreveu Jean Guitton em *Le Travail intellectuel* [O trabalho intelectual], "em que o esforço aplicado a um obstáculo externo cria um obstáculo interno muito mais insidioso, que é reforçado quanto mais o recusamos, como no caso dos gagos." Quando lutamos contra uma imagem proibida, certa maneira de orientar o esforço para dissipar a imagem causa o risco de intensificá-la. O corpo não conhece a diferença entre não e sim. Dizer "Não tenho medo, não quero ter medo da granada que foi lançada" é aumentar as imagens contrárias. Não querer tremer nos momentos de medo aumenta o tremor. Reprimir-se a fim de não ceder à tentação é se dispor a sucumbir a ela antes. O velho Coué dizia, em linguagem geométrica demais para meu gosto, que, "quando há luta entre a imaginação e a vontade, a imaginação aumenta na proporção do quadrado da vontade". Essa lei de inversão dos esforços é uma das mais profundas de nossa vida psíquica. Fico surpreso por falarmos tão pouco dela, não a ensinarmos mais amplamente. Se, mesmo com excelentes guias e boa vontade sincera, jamais pude aprender uma arte simples (geometria ou equitação, por exemplo), foi porque meus mestres ignoravam esse princípio de inversão. Eu me dedicava obstinadamente sobre o cavalo ou diante de um teorema, mas só obtinha um tombo ou o cair da noite. Teria sido necessário trabalhar a descontração. A verdadeira atenção é um "esforço de não esforço". Trata-se de evitar a inversão do esforço, quase fatal em toda tensão prolongada. A arte do não esforço consiste em jamais deixar sua vontade se irritar, se tensionar; em imitar os seres da natureza; em se deixar levar, de certo modo; em "gerenciar a vontade", como disse Montaigne, o que consiste em só querer com conhecimento de causa e no momento consciente, lembrando-se que a vontade, sendo uma energia vital, também se esgota e se dissipa. Existe um estado de pensamento abandonado, meio vago, um semissonho acordado que é propício à memória, à invenção e à escrita.

Simone Weil e a atenção como esforço negativo

Simone Weil foi aluna de Alain (cujo nome verdadeiro era Émile Chartier). Sua melhor aluna. Ele disse ser muito provável que ela realmente tivesse compreendido Spinoza. Esse não foi um elogio pequeno, uma vez que ele só o fez a ela e a... Goethe. Spinoza disse que "o belo é raro e difícil" e distinguiu três gêneros de conhecimento: o primeiro, que se contenta em alinhar fatos não demonstráveis, conhecidos como boatos (minha data de nascimento, por exemplo), e os julgamentos imediatos da imaginação (a lua está a somente algumas centenas de metros, ela parece tão próxima esta noite); o segundo, que produz verdades passando pelo desvio difícil das demonstrações racionais (matemática, filosofia); e, enfim, o terceiro, que tem o mesmo conteúdo do segundo, mas acede a ele mais diretamente, pela intuição, facilmente, e por meio do qual passamos, prometeu Spinoza, "tanto quanto possível", pela experiência da eternidade nesta vida. Ao fim do árduo caminho da razão, brilha "o amor a Deus", ou seja, a compreensão intuitiva, sem esforço, de si, dos outros e da natureza. Como chegar a essa luz? É preciso trabalhar, passando pelo rigor das demonstrações. Ela é bela e, portanto, "rara e difícil", mas — e é aqui que eu queria chegar —, estranhamente, o combate entre verdadeiro e falso não exige nenhuma tensão, nenhum esforço contra si mesmo. Basta que a mente obedeça a sua natureza, que consiste em pensar de modo verdadeiro, para triunfar indiretamente sobre o falso, exatamente como o dia, ao nascer, triunfa sem combate sobre as trevas. A perfeição própria à mente é compreender: quanto mais ela compreende, mais sua alegria aumenta. Quando penso, não faço nenhum esforço contra mim mesmo, mas persevero naquilo que sou e me esforço para sê-lo ainda mais. Não faço esforço, *sou* um esforço — Spinoza o chama de *conatus* (do latim *conari*: "esforçar-se, tender na direção de") — que nada me custa, pois faço somente o que dita minha natureza. Em outras palavras, aquele que faz um esforço para compreender jamais poderá compreender nada. Não é assim que funciona.

A compreensão não pode ser forçada. No melhor dos casos, ela pode ser preparada. Quando compreendemos, não há qualquer tensão. É mais como uma luz.

E é aqui que Simone Weil intervém. Em seu texto *Espera de Deus*, cujo título indica claramente sua orientação cristã, ela chama a atenção para uma verdade sobre nosso espírito, válida ao mesmo tempo no plano cognitivo e no plano espiritual: prestar atenção não é aquilo que acreditamos que seja. Decidi citar amplamente esse texto, porque sua perfeição e sua simplicidade são inegáveis, e sua verdade, como indica Simone Weil, não se limita aos crentes.

Para realmente prestar atenção, é preciso saber como. Frequentemente, confundimos atenção com uma espécie de esforço muscular. Se dizemos aos alunos: "Prestem atenção", eles franzem o cenho, prendem a respiração, contraem os músculos. Se, após dois minutos, perguntamos em que prestaram atenção, eles são incapazes de responder. Não prestaram atenção a nada. Eles contraíram os músculos. Empregamos frequentemente esse tipo de esforço muscular nos estudos. Como isso acaba nos deixando cansados, temos a impressão de ter trabalhado. É uma ilusão. O cansaço não tem nenhuma relação com o trabalho. O trabalho é esforço útil, seja cansativo ou não. Esse tipo de esforço muscular durante o estudo é completamente estéril, mesmo se realizado com boas intenções.

A vontade, aquela que, em caso de necessidade, nos faz serrar os dentes e suportar o sofrimento, é a arma principal do aprendiz no trabalho manual. Mas, contrariamente ao que acreditamos, quase não tem lugar nos estudos. A inteligência só pode ser conduzida pelo desejo. Para que haja desejo, é preciso haver prazer e alegria. A inteligência só cresce e dá frutos na alegria. A alegria de aprender é tão indispensável para os estudantes quanto a respiração para os corredores.

A atenção é um esforço, talvez o maior deles, mas é um esforço negativo. Por si mesma, ela não comporta a fadiga. Quando o cansaço se faz sentir, a atenção quase já não é possível, a menos que já tenhamos muita prática; é melhor então se abandonar, procurar uma distração e, um pouco mais tarde, recomeçar; deixar-se ir e então retomar, do mesmo modo como inspiramos e expiramos.

Vinte minutos de atenção intensa e sem fadiga valem infinitamente mais que três horas daquela dedicação de cenho franzido que nos faz dizer, com a sensação de dever cumprido: "Eu trabalhei bastante." A atenção consiste em suspender o raciocínio, em deixá-lo disponível, vazio e penetrável pelo objeto. O raciocínio deve ser, em relação a todos os pensamentos particulares e já formados, como um homem sobre uma montanha que, olhando à frente, percebe ao mesmo tempo sob si, mas sem olhar para elas, muitas florestas e planícies. E, sobretudo, o raciocínio deve estar vazio, à espera, sem nada buscar, mas pronto para receber, em sua verdade nua, o objeto que o penetrará. A busca ativa é nociva, não somente para o amor, mas também para a inteligência, cujas leis imitam as do amor. É preciso simplesmente esperar que a solução de um problema de geometria ou o sentido de uma frase latina ou grega surjam na mente. E ainda mais no caso de uma nova verdade científica ou de um belo verso. A busca conduz ao erro. E isso acontece com todos os bens verdadeiros. As noções de graça em oposição à virtude voluntária e de inspiração em oposição ao trabalho intelectual ou artístico exprimem, se bem compreendidas, a eficácia da espera e do desejo.

[Quando erramos], a causa é sempre termos tentado ser ativos; buscar. Os bens mais preciosos não devem ser buscados, mas esperados. Existe, para cada exercício escolar, uma maneira específica de esperar a verdade com anseio e sem se permitir buscá-la. Uma maneira de prestar atenção aos dados de um problema de geometria sem buscar sua solução; aos textos de um texto latino ou grego sem buscar seu sentido, de esperar, quando escrevemos, que a palavra venha sozinha se colocar sob a caneta, apenas rejeitando as que são insuficientes.

Assim, por mais paradoxal que pareça, desde que lhes tenhamos concedido o esforço que convém, uma tradução latina ou um problema de geometria, mesmo que tenhamos errado em sua solução, podem ser capazes de algum dia, mais tarde e se a ocasião se apresentar, fornecer ao infeliz, no instante de sua suprema angústia, exatamente o socorro capaz de salvá-lo.

Para um adolescente capaz de compreender essa verdade e generoso o bastante para desejar esse fruto acima de qualquer outro, os estudos teriam a plenitude de sua eficácia espiritual, mesmo fora de qualquer crença religiosa.

A atenção, portanto, é um esforço negativo, no sentido de que nada custa, não supõe nenhum dispêndio de energia e não produz fadiga. Se nos sentimos fatigados ao prestar atenção, é porque nos contraímos inutilmente, nos esforçamos do modo errado, em vez de deixar vir. A atenção é puro olhar, incompatível com a fadiga. Alain confessa: "Antes da guerra, eu frequentemente me agarrava a um problema e pensava nele inutilmente, sem jamais avançar. Esse é o mesmo erro de focar em algo que queremos ver. Eu conheci esses olhares obstinados que procuram o conhecimento; eles não veem, porque olham demais." A atenção deve ser tão fácil e relaxada quanto um atleta treinado, e sua primeira condição é o repouso. Seu modelo é a respiração. A atenção obedece ao ritmo primordial do sopro ou do mar. Os estudos de nada valem por si mesmos, as notas de nada valem (e quem diz isso é a melhor aluna de Alain), e a geometria e a poesia valem para o aprendizado principalmente por causa da atenção que permitem. Por quê? Porque, se realmente sou capaz de prestar atenção, um dia estarei em posição de prestar atenção aos outros. Não poderei deixar de vê-los. E ver corretamente já é fazer o bem. Essa é uma verdade espiritual universal, precisou Simone Weil, que não concerne apenas aos crentes, mas a todos os seres humanos.

Trabalhando em um café com Sartre

Jean-Paul Sartre também foi aluno de Alain. Ele praticamente não falou sobre isso, foi um encontro que não ocorreu, mas Sartre concordou com Alain e Simone Weil ao menos quanto à questão da atenção, que não pode ser um esforço. Em seu texto mais célebre, sobre a má-fé, ele escreveu: "O aluno atento que quer ser atento, com os olhos grudados no professor e os ouvidos bem abertos, esgota-se tanto fingindo estar atento que termina por nada ouvir."[30] Acreditar que a atenção é um esforço é cansativo. E fingir estar atento para agradar ao professor impede a compreensão. Reencontramos aqui a lei da inversão dos esforços mal dirigidos: quanto mais nos esforçamos na direção do objetivo, mais falhamos em atingi-lo

Sartre, que escreveu esse texto em meio à agitação ordenada do Café de Flore, indicou que o recolhimento de uma sala de aula talvez seja menos propício à compreensão e ao trabalho intelectual que a relativa desordem de um café. No café, à primeira vista, a atenção parece contrariada, condenada à dispersão. No entanto, alguns — inclusive Sartre — conseguem trabalhar ali, e outros só conseguem trabalhar nesse tipo de lugar, em meio ao barulho dos outros, aos ruídos da vida. O silêncio nem sempre é favorável. A atenção distraída, o olhar de soslaio, captura a verdade de passagem, como um pescador hábil. Essa distração às vezes oferece a solução para um problema que não conseguimos solucionar atacando de frente. Assim, uma ocupação "contrária" pode facilitar o trabalho. Ela nos permite não refletir sobre o que estamos fazendo, e, em vez disso, nos contentarmos em fazer.

Esse tipo de distração também nos dá ímpeto. Quando estamos imersos em um ambiente vivaz, escapamos da dificuldade de começar e compreendemos que só precisamos continuar. Algumas pessoas adoram trabalhar com música. É meu caso. A música é sempre arrebatadora, ela nos pega pela mão e nos empresta seu movimento. Correr com música também tem adeptos, pois se corre melhor, por mais tempo, mais facilmente e esquecendo o esforço. A atenção, voltada para algo diferente do esforço, é tomada pela música e permite que o corpo faça o que sabe fazer sem ser atrapalhado pelo pensamento.

Esfregar a panela ou deixá-la de molho

Retomemos o exemplo da panela, aquela que deixamos queimar na introdução do livro. Há dois caminhos para limpá-la. Esfregar ou não esfregar, eis a questão. Podemos esfregar com todas as forças, de forma laboriosa, ou podemos colocá-la de molho e deixar que a água e o tempo atuem, de forma engenhosa. O primeiro método salienta o esforço; o segundo, a facilidade. O esforço faz ganhar tempo e perder energia — e, incidentalmente, pode danificar a panela. O segundo método, mais fácil, exige tempo ao mesmo tempo que o libera, pois, no fim das contas, limpar a panela depois de tê-la deixado de molho é mais rápido e exige menos esforço. Trabalhamos menos e melhor. Postergar a ação e deixar que as coisas trabalhem rende em dobro, pois o resultado é superior de todos os pontos de vista. Longe de ceder à facilidade por preguiça, damos prova de astúcia ao encontrar uma maneira mais fácil e mais eficaz. Escolhemos a paciência. Essa segunda solução é, ao mesmo tempo, mais racional e econômica ou, em uma palavra, mais elegante. Falar de elegância ao lavar a louça pode parecer exagerado ou fora de contexto, mas a elegância está ligada à ideia de economia, de racionalidade. Seja na moda, na ciência ou na vida prática, a solução mais elegante é sempre a mais econômica. Descartes e Coco Chanel concordariam sobre isso. Um pretinho básico, assim como uma demonstração matemática, visa ao despojamento, à simplicidade. Sem afetação, sem ornamentos inúteis, direto ao ponto. É nisso que está a beleza. Atenção: às vezes, a solução mais eficaz é não esperar, e entrar em ação. Para ficar no exemplo da louça, é melhor lavar imediatamente uma frigideira na qual preparamos um magret de pato, antes que a gordura esfrie e se solidifique. Como saber se é preciso esperar ou não, se deixar para mais tarde será um ato de inteligência ou simples prova de preguiça? Não há necessidade de critério objetivo. No fundo, sempre sabemos.

Quebrar ou não as nozes

Alexander Grothendieck, que recebeu a medalha Fields em 1966 (o equivalente ao prêmio Nobel de matemática), um autêntico gênio reconhecido pela originalidade de suas intuições e pela profusão de suas descobertas, utilizava esse método. Em matemática, não há panelas queimadas, mas problemas que perduram, alguns durante séculos, e aos quais gerações inteiras se dedicam. Autor de uma obra monumental que ainda conta com vários milhares de páginas a serem exploradas, após ter revolucionado a geometria algébrica e aberto o campo para um exército de pesquisadores, Grothendieck deu as costas à comunidade matemática e foi viver longe de tudo em um pequeno vilarejo em Ariège, a fim de se dedicar à meditação. Segundo os especialistas, sua contribuição para o problema do espaço tem a mesma amplitude que a de Einstein. Os dois colocaram o espaço no centro da história do universo. Não evocarei aqui o conteúdo de seu trabalho matemático, o que eu seria incapaz de fazer, mas seu método para solucionar as dificuldades mais árduas. Além de sua obra matemática, Grothendieck nos deixou uma autobiografia importante, não publicada até hoje, mas disponível na internet, chamada *Récoltes et semailles* [Colheitas e semeaduras]. Nela, descreveu as duas principais maneiras de enfrentar um problema:

Tomemos como exemplo a tarefa de demonstrar um teorema ainda hipotético (a que, para alguns, parece se reduzir o trabalho matemático). Duas abordagens extremas podem ser adotadas. Uma é a do martelo e do buril, quando o problema apresentado é visto como uma noz grossa, dura e lisa, e queremos chegar ao interior, ao fruto nutritivo protegido pela casca. O princípio é simples: colocamos o lado afiado do buril contra a casca e batemos com força. Se necessário, fazemos o mesmo em vários lugares diferentes, até que a noz se quebre — e ficamos contentes. Essa abordagem é tentadora sobretudo quando a casca apresenta asperezas ou protuberâncias pelas quais podemos "agarrá-la". Em certos casos, tais "saliências" pelas quais agarrar a noz saltam aos olhos; em outros, é preciso rodá-la atentamente em todas as direções e examiná-la com cuidado a fim de encontrar um ponto de ataque. O caso mais difícil é aquele em que a casca é redonda, dura e perfeitamente uniforme. Tentamos bater com força, mas o buril desliza e mal arranha a superfície, e acabamos nos aborrecendo com a tarefa. Às vezes, conseguimos, à custa de força e persistência.

Essa primeira maneira, tão baseada em força bruta quanto deselegante, evidentemente não era sua preferida.

Eu poderia ilustrar a segunda abordagem com a mesma noz que tentamos abrir. A primeira parábola que me veio à mente é mergulhar a noz em um líquido emoliente, simplesmente água, por que não?, e, de tempos em tempos, esfregá-la para que a água penetre melhor. De resto, deixamos o tempo agir. A casca amolece ao fim de semanas ou meses e, quando chega o tempo certo, basta uma pressão da mão para que ela se abra como um abacate maduro! Ou podemos deixá-la amadurecer sob o sol, a chuva e mesmo o gelo do inverno. No tempo certo, um broto delicado saído da carne substancial perfurará a casca, como se estivesse brincando ou, em outras palavras, a casca se abrirá sozinha, para dar passagem ao broto. A imagem que me veio há algumas semanas era diferente; nela, a coisa desconhecida que eu queria conhecer me pareceu algo feito de terra ou de marga compacta, relutante a se deixar penetrar. Podemos usar uma picareta, dinamite ou mesmo uma britadeira: trata-se da primeira abordagem, a do "buril" (com ou sem martelo). A outra é a do mar. O mar avança sem ser notado e sem ruído, nada parece se quebrar, nada se movimenta, a água está tão longe, mal podemos ouvi-la... No entanto, ela termina por cercar a substância relutante, que pouco a pouco se torna uma península, depois uma ilha, depois uma ilhota que submerge, como se, enfim, tivesse se dissolvido no oceano que se estende a perder de vista... Essa é a "abordagem do mar", por submersão, absorção, dissolução — aquela na qual, a menos que estejamos prestando muita atenção, nada parece acontecer: cada coisa, em cada momento, é tão evidente e, sobretudo, tão natural que teríamos escrúpulos em registrá-la preto no branco, com medo de parecermos estar organizando, em vez de martelar o buril como todo mundo...

O texto é um pouco longo, mas a rede de imagens que propõe é tão coerente que não quis resumi-lo. Duas abordagens, portanto: a primeira, do martelo e do buril; a segunda, do mar. A primeira enfrenta a dificuldade de frente e bate nela com força, tentando quebrá-la a qualquer custo; a segunda, paciente e elegante, amplia a perspectiva e dá tempo à dificuldade para se dissolver naturalmente, facilmente. Não é a dificuldade que muda de natureza, mas a maneira de abordá-la que a resolve sem esforço. O método frontal dos impacientes pode funcionar, mas permanece essencialmente deselegante, e foi isso que a condenou definitivamente aos olhos de um matemático que foi tão esteta quanto intuitivo.

Passar pelo obstáculo a galope

Solucionar dificuldades também é um problema para os artistas. Especialmente para os músicos confrontados com uma partitura. Ao interpretar uma obra, não temos escolha: precisamos passar por todas as notas escritas, seguindo o caminho traçado. O que fazer quando há um bloqueio? Hélène Grimaud descreve sua sensação:

Sinto particular respeito por Cortot como músico e sempre admirei seu senso de invenção, sua musicalidade e, de certa maneira, sua falta de perfeição, como a gravata frouxa no pescoço dos dândis. Mas sempre me assustei com o autoritarismo das edições Cortot que os conservatórios utilizam, nas quais teclas e pedais são indicados da maneira mais arbitrária; uma aberração, na verdade. A meu ver, outra aberração é o conselho dado por essas edições, de extrair a dificuldade do contexto e isolá-la a fim de dominá-la separadamente. Elas recomendam que, caso a passagem contenha terças, quartas ou arpejos problemáticos, foquemos todo o trabalho neles. Para mim, essa é a melhor maneira de criar um problema onde ele não existe, de inventar dificuldades antes que se apresentem. Quando existe real dificuldade técnica, o que permite superá-la é justamente o contexto musical, que as edições Cortot gostariam de isolar. É como um cavalo que se obstinasse, sem recuar, a saltar sobre o obstáculo mais difícil do percurso sem o impulso gerado pelo início da corrida nem a visão arrebatadora da continuação de seu galope.[31]

Depois da imagem do mar de Grothendieck, a imagem do cavalo a galope de Grimaud. Nos dois casos, a ideia é não focar diretamente na dificuldade, não se obstinar somente em sua resolução, mas inscrevê-la em um conjunto mais amplo, e recolocá-la em seu lugar para fazê-la desaparecer de passagem, no movimento, indiretamente, de soslaio. Não lhe dar mais importância que a necessária, transformá-la em um detalhe da corrida. Sobretudo, não insistir. Glenn Gould tinha uma técnica semelhante, que consistia em tocar o trecho que apresentava uma dificuldade insuperável sem conseguir ouvi-lo, com o rádio e a TV ligados no volume máximo. O bloqueio desaparecia imediatamente, porque a mente, ocupada demais com ruídos parasitas, incapaz de pensar na dificuldade que normalmente a impedia, já não podia sentir medo. Assim, a algazarra era duplamente libertadora, primeiro distraindo a mente de sua tarefa e, em seguida, tornando o erro absolutamente imperceptível.

Trabalhar com receio, mas sem medo

O funambulista Philippe Petit descreveu sua técnica para solucionar um bloqueio: "Se todo dia, pouco a pouco, um exercício resiste a mim a ponto de se tornar insustentável, preciso prever em meu espetáculo um movimento para substituí-lo, no caso de ser tomado por um pânico súbito." Assim não há pressão, não se trata de uma situação de tudo ou nada, pois o funambulista sabe como cair em pé, ele tem uma solução substituta. Mas não se declara vencido. E continua a abordar o exercício "com cada vez mais receio, sub-repticiamente. Quero conquistá-lo, sentir a vitória". Se o exercício continua a resistir, "abandono o campo de batalha. Mas sem o menor medo". Essa é uma situação muito estranha, pois ele reconhece ao mesmo tempo "cada vez mais receio", mas "sem o menor medo". O receio de errar o exercício durante o treinamento não tem nenhuma relação com o medo de falhar no dia do espetáculo. Pode-se mesmo dizer, paradoxalmente, que o receio impede o medo, pois pensar no exercício ocupa toda a mente. Mais que receio, que parece sinônimo de medo, seria melhor falar de atenção extrema. No fundo, a palavra supõe, ao mesmo tempo, receio — como quando gritamos "Atenção!" — e o inverso do medo, pois, em vez de nos paralisar, a atenção bem empregada permite evitar o perigo e inventar uma alternativa.

Ocupar-se para esquecer o medo

"Jamais tenho medo sobre o fio", diz Philippe Petit, "pois estou ocupado demais." A ação cura o medo, e há tantas coisas a fazer sobre o fio que ele não tem tempo para sentir medo. O problema é anterior. O perigo aumenta na imaginação, sobre um fundo de passividade. Quando temos tempo, pensamos sempre no pior. O método de Philippe Petit consiste em cuidar pessoalmente de todos os detalhes da apresentação, da preparação e do transporte do material, da instalação do cabo, da determinação dos locais: tudo é planejado como se fosse um assalto. Ele quase sempre age de maneira ilegal, e essa não é uma dificuldade suplementar, mas um ingrediente essencial para o sucesso do "golpe". O receio de ser preso, de ser descoberto, de ser reconhecido antes de poder se lançar sobre o fio lhe permite não sentir medo, não pensar um segundo sequer no que vai fazer. A ilegalidade não é um detalhe. Ela permite não pensar na travessia em si. Isso é algo que Philippe Petit não diz. Mas, se ele ama tanto os problemas, é provavelmente por essa razão. Enquanto resolvemos um problema, não pensamos no vazio. Realizamos uma tarefa depois da outra. Obedecemos à necessidade. O que é mais fácil que obedecer?

A solução vem sempre do problema

Quando temos um problema, é preciso pensar não nas soluções, mas no próprio problema, amá-lo como se fosse uma pessoa e deixá-lo se exprimir. A solução virá quando tivermos aceitado permanecer no problema, quando tivermos desistido de sair dele em vez de lhe dar as costas e fugir a qualquer preço. Além disso, há verdadeira alegria em um problema. Nada é mais excitante que um problema a resolver. É a hora de exercer a imaginação, a inteligência, a intuição. Um problema é uma mão estendida. E a solução vem sempre do próprio problema, de certa maneira de encará-lo. As soluções nascem facilmente, delas mesmas. Se várias soluções se apresentam, devemos escolher a mais simples. Se todas forem igualmente simples, a mais elegante. A elegância, explicou Philippe Petit, consiste em fazer o mínimo possível. Considere o caso de uma escada que deve ser alçada por três andares, pela fachada do edifício. Para içar a escada, utiliza-se uma corda. Teríamos a tendência de multiplicar os nós para firmar a escada, mas Philippe Petit mostrou em uma maquete como fazer isso sem dar um único nó. Basta fazer um laço entre os degraus superiores da escada e passar as extremidades da corda por ele. Desse modo, a escada é ao mesmo tempo mantida pela corda e estabilizada por seu próprio peso ao ser içada. Outro exemplo dado por Philippe Petit: o martelo simples, que é chato de um lado e tem dois dentes do outro, para arrancar pregos. Um malabarista, se quiser enviar esse martelo três andares acima, pode simplesmente jogá-lo para o parceiro que se encontra posicionado acima dele, mas, se quiser uma versão mais segura, optará por um laço em torno da cabeça do martelo, mantido de modo muito engenhoso: em vez de fazer um nó em torno do martelo, ele dá um nó na ponta da corda e o encaixa entre os dentes do martelo, que utiliza como ponto de apoio para fazer um nó corrediço. Os nós, assim como os laços, são mais fáceis de fazer que de descrever, mas o essencial aqui é compreender o princípio. O nó simples não serve para prender o martelo, mas para ser encaixado entre seus dentes. Petit utiliza a forma do martelo ou da escada para solucionar o problema singular apresentado por cada objeto. Ele não contraria essa forma, mas a utiliza. Um obstáculo é sempre também um ponto de apoio, e esse é o segredo. O peso do martelo ou da escada serve para estabilizá-los, como o peso na ponta de um fio de prumo ou de um pêndulo. A cada vez, o funambulista utiliza o próprio problema como solução. E, quando caminha sobre um fio ajudado pela vara de até 25 quilos, ele utiliza esse peso, que prejudicaria um iniciante, como meio de se ancorar ao fio, pesar sobre ele, afundar sobre ele para se manter mais facilmente. Em outras vezes, uma dificuldade imprevista oferece uma solução imprevista. Ao fazer o reconhecimento do local para seu "golpe" no alto das torres do World Trade Center, Philippe Petit machucou gravemente o pé. Obrigado a usar muletas, ele se apresentou novamente na entrada do edifício, amaldiçoando o fato de precisar delas, convencido de que aumentariam suas chances de ser notado e dificultariam sua exploração. O contrário aconteceu: os guardas, o vendo com dificuldades, abriram as portas, e todos tentaram ajudá-lo e facilitaram seu acesso. A dificuldade se tornou uma vantagem involuntária. Philippe Petit, embora mestre na arte do disfarce, não pensou nisso por si mesmo. Mas soube, na hora certa, aproveitar a oportunidade.

Confiar na primeira vez

Frequentemente confundimos preparação com repetição. Ora, repetir de maneira excessiva pode roubar todo o frescor. Ao suprimir todos os riscos, corremos o risco de amenizar o desejo e exaurir a atenção. É preciso confiar já na primeira vez. Hélène Grimaud nos diz: "Jamais gostei de tocar uma obra antes do primeiro concerto. Por que preferir, para esse primeiro beijo, as piores condições? Sala ruim, acústica ruim, piano medíocre? A primeira vez que recusei uma pré-estreia, todo mundo gritou que era suicídio. Nunca cedi, sempre espantada por encontrar essa hostilidade generalizada." Até o dia em que Martha Argerich, uma das maiores pianistas do mundo, lhe disse: "Essa ideia de executar a obra antes da apresentação é verdadeiramente ridícula. É na primeira vez que tocamos que realmente temos necessidade de estar à altura do que imaginamos durante as horas de trabalho, preparação e repetição." Alain se aproxima dessa ideia quando diz que é preciso conseguir da primeira vez. A atenção é uma ferramenta que não devemos utilizar antes de precisarmos dela. Hélène Grimaud especifica: "A primeira vez é frequentemente mágica; nada aconteceu ainda para alterar a concepção utópica que fazemos da obra. A interpretação é banhada por uma graça efêmera e esplêndida. Na segunda vez, é preciso se reerguer e recomeçar com a consciência de tudo que pode acontecer."[32]

Encontrar o gesto adequado

Seja em relação ao corpo ou ao raciocínio, a insistência sempre é contraproducente. Quanto mais forçamos, mais falhamos. Pior ainda: podemos nos machucar. É claro que, como reconhece Yannick Noah, "integrar uma técnica não ocorre sem esforço, mas é preciso optar pelo método mais inteligente e rejeitar o aspecto desagradável do trabalho". A repetição mecânica do gesto não permite adquiri-lo verdadeiramente. Além do óbvio risco de fadiga, também há uma falta de certeza.

De tanto repetir o gesto, o aluno termina por obter uma taxa razoável de sucesso em condições comuns, mas nada prova que conseguirá repeti-lo em uma situação extrema. É melhor levar o tempo necessário para intelectualizar o gesto, compreendê-lo, imprimi-lo definitivamente no subconsciente: alguém o explica; você o testa; alguém o explica novamente, se necessário; você o testa mais uma vez e, quando está certo de ter compreendido, não vale a pena repeti-lo centenas de vezes! Passe rapidamente a outra coisa![33]

Quando compreendemos, é inútil insistir. É como afinar uma guitarra. Quando encontramos a nota certa para uma corda, precisamos parar de procurar. Continuar só a fará perder a afinação. Aqui, retornamos à questão das 10 mil horas. Uma abordagem puramente quantitativa do treinamento, mesmo integrando a ideia de "prática deliberada" baseada no esforço consciente em relação a um objetivo preciso, não funciona. Basta que um "nó" se forme na cabeça do jogador, afirma Noah, para que, se ninguém o ajudar, ele se ausente do corpo e se limite a imitar o treinamento. "Nessa situação, ele pode passar cinco horas em quadra, mas não obterá o menor benefício. Ele perderá e dirá 'Não entendo, eu me esforço, eu treino muito e todos os dias'."

Para desfazer tal nó, é preciso primeiro relaxar. Não insistir. Não puxar o nó, mas partir de uma posição confortável e respirar direito. O relaxamento não pode ser obtido diretamente: se alguém nos diz para relaxar, nós nos contraímos, reencontrando aqui a lei da inversão dos esforços mal dirigidos. O objetivo, mais uma vez, deve ser atingido indiretamente, concentrando a atenção na respiração. Se respiramos bem, lenta e profundamente, é impossível não relaxar. Isso ocorre naturalmente.

Em seguida, para fazer o gesto adequado, é preciso compreendê-lo, imaginá-lo, visualizá-lo. Em *Carruagens de fogo*, o treinador Sam Mussabini explica ao corredor Harold Abrahams que ele confunde velocidade com precipitação: "*Don't overstride!*", "Não dê passadas largas demais!" Bastava dar duas passadas a mais em 100 metros, e, portanto, passadas menores para vencer. Ele devia buscar o rebote, a naturalidade e o relaxamento, não o esforço do grande salto. Trata-se de um trabalho mental que apela à imaginação. "A visualização", explica Noah, "oferece todas as perspectivas de um trabalho aprofundado, muito superior, em termos de eficácia, às horas de treinamento mecânico." É possível empregar essa técnica sem sair da cama: começamos por visualizar um local que amamos, um local de sonho. Por meio do ritmo da respiração, tomamos posse de nosso corpo. Dissecamos o movimento e a atividade que desejamos dominar. Em seguida, nos visualizamos executando o gesto perfeito. Esse gesto se inscreve no cérebro, modificável de acordo com nossa vontade. "O objetivo da visualização é simples; trata-se de *entrar* no gesto. Tenho uma lembrança muito precisa de [Pete] Sampras em Roland-Garros, durante suas maratonas em 1996. Ele estava em tal estado de abandono que pouco a pouco *entrou* no jogo. Ele servia de uma maneira fantasticamente relaxada, estava em todas as bolas, *era o serviço*, era o movimento. Ele era o tênis. E foi extraordinário de ver, porque é raro ir assim tão longe no relaxamento do corpo. Mas se tratava, na ocasião, de uma questão de sobrevivência, pois ele chegara a seus limites físicos. Acho que ele nos mostrou o tênis que é capaz de visualizar."

A visualização se baseia em associar imaginação e corpo. Se imaginamos bem, fazemos bem. Não é repetindo o gesto fisicamente que o adquirimos de verdade, mas indo e voltando entre imaginação e ação. "Quando o gesto é realizado com sucesso, não vale a pena repeti-lo 50 mil vezes. Ele já está lá. Foi conquistado. Não será perdido. Mesmo em uma situação extrema." Esse talvez seja o ponto mais surpreendente: o gesto assim aprendido passa a ser tão profundamente conhecido que sempre estará disponível, mesmo em situações de estresse. As vantagens desse método são inumeráveis: mesmo machucados, podemos continuar a trabalhar. E somos livres para imaginar todas as situações possíveis, estamos literalmente prontos para tudo. Esse método está igualmente presente em *Hagakure*, o tratado de ética samurai que recomenda imaginar todas as situações de combate a fim de se estar pronto quando o dia chegar. Os músicos também o empregam. Hélène Grimaud relatou que, em certo momento de sua vida, o trabalho era feito menos com o instrumento que em sua mente: "Eu trabalhava com o pensamento, com associação de imagens, projeções mentais, visões de arquitetura, de cores. Eu me deixava infundir." A visualização, portanto, nem sempre é acompanhada de uma passagem imediata ao ato. Podemos nos deixar repousar ou infundir. Noah recomenda que, em uma sessão de treinamento, se o atleta não conseguir se manter presente no momento, ele não deve insistir. "Às vezes, um passeio pela floresta, relaxado, concentrado em seu objetivo, é muito mais salutar que três horas de treino."

Passear com Rousseau

Passear é uma arte que consiste em deixar a caminhada assumir o controle sobre os pensamentos, a fim de deixar nascer o devaneio. O verdadeiro passeio não deve ter nenhum objetivo além de si mesmo. Desse modo, será ainda mais salutar. Rousseau contou como seus prazeres mais puros e duráveis ocorreram enquanto caminhava, passeava sem rumo ou andava de barco, contemplando o céu. Essa meditação solitária se baseia em uma renúncia que, por ser sincera, revela-se feliz e fértil. O devaneio, a meditação e o passeio, contrariamente às aparências, jamais são tempo perdido. As ideias não nos vêm porque as perseguimos, mas porque estamos disponíveis. Quando o espírito é purificado de suas preocupações, de suas tensões, a clareza ocorre naturalmente.

A arte do repouso

Para encerrar, a condição mais importante, o preâmbulo essencial à atenção, é o repouso. André Breton disse que, no momento de dormir, "Saint-Pol-Roux fazia alguém colocar, na porta de sua casa, uma placa que dizia: 'O POETA ESTÁ TRABALHANDO.'" Os surrealistas confiavam no sono e no sonho para encontrar inspiração, rompendo as amarras da lógica binária do dia. A ciência recente confirma que dormir permite que o cérebro trabalhe, ou melhor, repasse e integre informações abstratas e novas atividades motoras, gestos esportivos ou artísticos: piano, tênis, aprendizado de um idioma. A noite não somente traz conselho, ela também abre novas portas.

Mas, para colher os frutos do sono, é preciso poder mergulhar nele. Em um capítulo consagrado à insônia, Alain definiu a posição de repouso como "aquela na qual toda queda possível já ocorreu. O remédio é deixar a gravidade agir, de maneira que ela já não tenha nenhum poder. Assuma a forma de um líquido."[34] O que nos faz acordar é a sensação de cair. Assim, é preciso encontrar a posição na qual nada em nosso corpo pode descer mais. Sem isso, o menor movimento se transforma em alerta e nos acorda.

Assumir a forma de um líquido é também renunciar à formação dos pensamentos. Lembre-se das lições do mar, que diz que todas as formas são falsas e recusa todas as nossas ideias. Saber dormir é começar por adormecer os pensamentos, impedindo-os de se formarem. A atenção à respiração é um bom modo de fazer isso. Se necessário, a imaginação pode ajudar. Especialmente o imaginário relativo à água. Gaston Bachelard, autor do maravilhoso *A água e os sonhos*, morava no boulevard Saint-Germain, em frente à praça Maubert, um local particularmente movimentado. Ele conta que, certa noite, impedido de dormir pelo trânsito constante, ele começou a imaginar que o barulho dos carros era o rumorar das ondas. Embalado por esse ruído benfazejo, ele dormiu feliz e pôde deslizar sem esforço pelas profundezas do sono.

– 10 –

A FORÇA DOS SONHOS

Nada fazemos de bom a contragosto, ou seja, a contrassonho.
Gaston Bachelard

Alain Passard foi *rôtisseur* durante muitos anos. As pessoas vinham do outro lado do mundo para saborear as carnes de seu restaurante três estrelas, L'Arpège, a dois passos do Museu Rodin e da cúpula dourada do Hôtel des Invalides. Ele compreendia a carne como ninguém. Sobretudo a arte do cozimento. Seu aprendizado sobre o fogo veio da avó, uma cozinheira excepcional que sempre mantinha um olho na chama e os ouvidos atentos. "Ainda consigo ouvir seu fogão assobiar quando as primeiras gorduras derretiam no fundo da frigideira." Para compreender o canto do fogo, é preciso ter ouvido absoluto. O cozimento é uma arte imemorial e possui seus arcanos. Por exemplo, "a forma de cozimento de um produto é uma escola artística. Assar na grelha nos dá uma impressão muito mais poderosa do fogo: reencontramos o gosto do fogo. Dourar na chapa é um cozimento um pouco mais úmido, é outra coisa." Parece que estamos ouvindo um ceramista ou um alquimista. Em A *psicanálise do fogo*, Gaston Bachelard também rememora: "Soprando com força no tubo de aço, minha avó reacendia as chamas adormecidas. Tudo cozinhava ao mesmo tempo: as batatas para os porcos, as batatas melhores para a família. Para mim, um ovo fresco cozinhava sobre as cinzas. O fogo não se mensura na ampulheta: o ovo estava cozido quando uma gota de água, frequentemente uma gota de saliva, evaporava sobre a casca. Fiquei surpreso ao ler que Denis Papin supervisionava sua panela empregando o mesmo procedimento que minha avó." Sejamos físicos ou cozinheiros, a escola do fogo é sempre a mesma: ela exige toda a atenção. Mas sua exigência é proporcional a sua generosidade. Bachelard prossegue:

Nos meus dias de amabilidade, usávamos a forma de waffle. Com seus retângulos, ela derrotava o fogo vivo, vermelho como um gladíolo. E logo em seguida o waffle estava em meu prato, mais quente para os dedos que para os lábios. Então, sim, eu comia fogo, comia seu ouro, seu odor e até mesmo seu crepitar quando o waffle crocante se quebrava sob meus dentes. E é sempre assim, por uma espécie de prazer luxuoso, como sobremesa, que o fogo prova sua humanidade. Ele não se limita a cozer, ele frita. Ele doura o biscoito. Ele materializa a festa dos homens. Até onde conseguimos lembrar, o valor gastronômico sempre veio antes do valor alimentar, e foi na alegria, e não no sofrimento, que o homem encontrou seu espírito. O homem é uma criatura de desejo, não de necessidade.

Alain Passard poderia assinar esse texto; ele, que só consegue trabalhar com prazer e que, desde os 14 anos, vê a cozinha como um sonho. Mas, após algum tempo, a carne já não lhe diz nada, já não fala. E até mesmo causa repulsa. Terão sido as imagens das vacas loucas que invadiram as telas há alguns meses? A relação com o animal morto? O sangue? Ele não pode mais continuar. Ele, que vivia somente para destrinchar, picar, desossar, dourar, flambar, cozinhar na crosta de sal os cortes de gado, as paletas de cordeiro, os magrets de pato, já não suporta a visão nem o contato, sem falar do cheiro do tecido animal. O prazer não está mais lá, o desejo está amortecido, a alegria partiu. Seu sonho se tornou pesadelo. Para onde foi a chama? Ele para com tudo. Alain Passard ama a cozinha demais para não parar imediatamente. Estamos em 1998. Adeus veados, vacas, porcos. E, sobretudo, adeus L'Arpège.

Um ano mais tarde, como em um filme, Alain Passard retorna. Ele decidiu mudar de profissão. Era *rôtisseur*. Agora é pintor: "Muito bem! Vamos criar uma família, vamos usar uma cor como eixo de criação. O amarelo me agrada e vou me dar esse prazer. Estou montando meu buquê! Como um pintor, acrescento uma pequena nota de verde. Vamos enfatizar tudo isso com um alho-poró. Veja, meu prato está pronto." Um pintor que faz buquês, então um pouco florista. Como prova sua *tarte aux pommes bouquet de roses* [torta de maçãs em formato de buquê de rosas], uma criação da qual ele está muito orgulhoso e que exige um trabalho de ourives para enrolar as finas fatias de maçã no formato de rosas: "A cozinha é uma joalheria. Estamos na praça Vendôme. Está tudo na mão, no gesto. É importante ter essa precisão, essa afinação [...]. Na cozinha, é preciso saber aprimorar os sentidos, como se estivéssemos na oficina de um grande perfumista." E criar correspondências, dar sabor a uma cor, ser ao mesmo tempo perfumista, pintor, florista, joalheiro, costureiro, escultor. Músico também. Tudo, menos *rôtisseur*. Pois a grande ideia de Alain Passard, sua revelação salvadora, nascida na solidão e na dor de seu afastamento, e que lhe permitiu retornar com toda força, foi manter o fogo e suprimir a carne. De agora em diante, o legume é rei. É só o que ele cozinha. Afinal, pode-se cozinhar uma beterraba com crosta de sal, defumar um salsão, flambar uma cebola, grelhar uma cenoura. Como um Prometeu vegetariano, ele decidiu roubar o fogo da carne para colocá-lo a serviço dos legumes. Uma ideia louca, herética para um chef três estrelas, quase um insulto à gastronomia francesa, mas ele fez sua escolha. Foi o fim do pesadelo da carne, o retorno do entusiasmo, da vontade de criar. E ei-lo com uma nova mão, um novo olhar, novos sabores e perfumes, diferentes sons de cozimento. E o prazer é reencontrado. A angústia do sangue cede lugar aos devaneios vegetais. O legume é terra, a lentidão do crescimento, o ritmo das estações, a profundeza das raízes, a promessa de frutos. Tudo que Bachelard chamou de "os devaneios do repouso". Devaneios que falam ao coração dos homens esgotados pela vida urbana, e existem para ser partilhados: "Eu cultivo meus legumes", explica Passard, "para poder contar uma história, do grão ao prato." Sim. Porque, no fogo da ação, ele também se tornou jardineiro. Não importa qual jardineiro. Ainda aqui, o devaneio transmuta o ofício em arte. "Estamos na dinâmica do enólogo. Quando falo de uma beterraba ou de uma cenoura com meus colegas no jardim, é como se falássemos de uma uva chardonnay ou sauvignon. A ideia é fazer do legume um grand cru e, sobretudo, transformar a horticultura no ofício do amanhã." É ao mesmo tempo um doce sonho e um sonho de doçura, no qual a singularidade do solo e a sabedoria das estações prevalecem sobre as culturas hidropônicas e os morangos em janeiro. No mundo de Alain Passard, podemos ouvir frases como "O salsão é melhor em Eure que em Sarthe. O conforto da vida por lá o faz explodir" ou "A chegada de um tomate é um encontro", e compreendemos se tratar de um encontro amoroso. Que o solo é algo e o legume é alguém.

Os olhos de Alain Passard brilham novamente como os de sua avó diante das chamas. Ele reencontrou o prazer de cozinhar graças aos legumes e, sobretudo — e era aqui que eu queria chegar —, graças aos sonhos que eles permitem. "Remova os sonhos", escreveu Bachelard em *A terra e os devaneios da vontade*, "e irá nocautear o operário. Negligencie a potência onírica do trabalho e irá diminuir o trabalhador, reduzi-lo a nada. Cada trabalho tem seu onirismo, cada matéria trabalhada traz seus devaneios íntimos. O onirismo do trabalho é a própria condição da integridade mental do trabalhador." Para que o trabalho seja feliz, ele deve se basear em um sonho. Atenção: não um sonho que se opõe à realidade, não o sonho de compensação de Freud ou o sonho de grandeza dos ambiciosos, mas um devaneio elementar, inscrito na matéria e nos gestos que ela permite, o devaneio que brinca com a potência do fogo e com os segredos da terra. Todo trabalhador sincero é antes de tudo um sonhador, o que torna seu trabalho fácil e seus esforços felizes.

A força dos sonhos

Quando a imaginação trabalha no diapasão das mãos, todo o ser vibra com a felicidade de fazer. Metalúrgico ou cozinheiro, a alegria do fogo doa sua luz ao trabalho. A terra comporta os devaneios da vontade tão bem quanto os do repouso. E a natureza é uma divindade generosa, que trabalha em nosso lugar: "As combinações", disse Alain Passard, "ocorrem sozinhas. Não sou obrigado a me perguntar se uma coisa vai combinar com a outra. Não. Elas vão combinar. Porque são vegetais que chegaram à maturidade no mesmo momento. O mais belo livro de cozinha foi escrito pela natureza. Basta respeitar o calendário que ela definiu." Seguir o ritmo da natureza é reencontrar o verdadeiro senso da palavra "trabalho", como aventura, viagem, conquista, mas também como repouso, pois enólogos e horticultores sabem que confiar na natureza é deixá-la trabalhar e saber quando deixá-la repousar.

"O esforço muscular do camponês arranca as ervas daninhas", escreveu Simone Weil, "mas somente o sol e a água fazem brotar o trigo." O maior sonho, para Alain Passard, é ser como o sol e a água, tão leve quanto possível em suas intervenções, e apagar a mão para chegar ao natural.

Esse equilíbrio entre os devaneios da vontade e os devaneios do repouso é o verdadeiro tesouro escondido na terra. Alain Passard confessa: "Jamais me senti tão bem quanto depois de ter minhas hortas." Cultivar uma horta é um conselho da filosofia e, acima de tudo, um sonho de alquimista que autoriza a ver a beterraba como pedra preciosa e a batata como pepita de ouro. Eu, que durante toda a infância detestei legumes e sempre os considerei uma obrigação médica, um inconveniente inevitável da alimentação, o triste acompanhamento da carne, reconheço ter vivido, graças a Alain Passard, uma revolução gustativa, e ouvi-lo falar dos legumes me levou a imaginá-los de modo diferente, como presentes maravilhosos, e não recomendações higienistas. Além disso, basta vê-lo esperar com sua equipe, todas as manhãs, a entrega de frutos e legumes de suas hortas: para Passard, as estações são respeitadas e, portanto, não há tomates após 15 de outubro. Mas é Natal todos os dias.

Há devaneios do fogo e da terra, mas também da água. Desde que consegue se lembrar, Jacques Mayol sempre sonhou com o mar. "Eu mergulhava frequentemente com meu irmão Pierre. Nós nos divertíamos fingindo ser coletores de pérolas e sonhávamos com os mergulhos extraordinários que faríamos um dia no Taiti e em muitos outros lugares do mundo, assim que tivéssemos idade suficiente. Ficávamos na água do amanhecer ao entardecer, descobrindo, dia após dia, a beleza das profundezas, dos peixes de todas as cores e das magníficas conchas." Foi sua mãe quem lhe ensinou o bem-estar aquático, treinando-o em mergulho livre desde a infância: "Quando, com doçura, ela colocava minha cabeça sob a água na banheira de casa, ela tentava me ensinar que a primeira coisa a fazer para se familiarizar com o elemento marinho era reter a respiração." Um dia, a mãe se orgulharia dele. Talvez também se inquietasse um pouco. E ei-lo já a 50 metros, a profundidade na qual a lei de Boyle-Mariotte, bem conhecida dos mergulhadores com cilindro, prevê o colapso dos pulmões do mergulhador livre que não respira ar pressurizado. Mayol não se inquieta com isso. Há vinte anos ele sabe o que realmente o espera: "É uma sensação maravilhosa quando, a 60 metros, você sente duas mãos gigantescas que o apertam, mas sem machucar, gentilmente, e fazem afluir sangue aos pulmões para descer ainda mais. Você não deve ter medo de se deixar levar. E então se sente parte integrante do universo." Esses espasmos intratorácicos seguidos de extraordinária sensação de bem-estar receberam o nome de *blood shift* ou "vasoconstrição periférica". Trata-se de um afluxo de sangue rico em glóbulos vermelhos que parte das regiões periféricas do corpo e chega aos órgãos nobres na cavidade intratorácica e também ao cérebro. "De um lado, esse afluxo cria uma espécie de almofada capaz de resistir aos efeitos da pressão. De outro, provoca um aporte de glóbulos vermelhos frescos aos elementos do organismo que, naquele momento, têm mais necessidade deles. Tal observação foi feita notadamente nas baleias quando mergulham em grandes profundidades"[35] Esse *blood shift*, descrito pelos médicos como fenômeno fisiológico, é vivido por Jacques Mayol de modo muito mais onírico e pessoal. Ele coloca sua vida nas mãos do mar. Aos 17 anos, Jacques se envolveu com a aviação, sonhando estudar em uma escola para pilotos nos Estados Unidos. Mas se viu em Agadir, como intérprete-operador de uma torre de controle. Pouco importa, já que hoje ele voa na água, nas profundezas, como um astronauta ao contrário. A barreira do som nada significa para ele, que, em 23 de novembro de 1976, na costa da ilha de Elba, ultrapassou a barreira dos 100 metros. Ele se lembra como se fosse ontem: "Conheci um instante de alegria delirante, um pouco como a que deve ter sentido Neil Armstrong ao pisar na Lua. Uma espécie de Nirvana, ao menos 100 metros." Isso foi há sete anos. Ele tinha 49. Ei-lo a 80 metros. Na escuridão quase total, só quebrada pelo feixe de luz do aparelho de descida, ele pensa novamente em Clown, sua amiga, sua parceira golfinho que o treinou tão bem. Hoje, ele também teria preferido um golfinho para levá-lo ao fundo, no lugar do aparelho. Ele decide retirar os óculos. A água do mar imediatamente invade suas cavidades nasais. "Mais que nunca, tive naquele momento a sensação de ter me metamorfoseado em animal marinho. Senti uma vaga embriaguez, como se faculdades latentes desconhecidas despertassem em mim." Ele passa da barreira dos 100 metros sem perceber. O que vem em seguida ocorre como um sonho, como testemunham todas as suas atitudes:

Exatamente 84 segundos após o início do mergulho, o aparelho de descida bate no disco com um barulho alto. Ofuscado pelos faróis, Jacques não consegue distinguir os rostos de Guglielmi e Araldi [seus mergulhadores de segurança]. Ele está extraordinariamente calmo. Vendo que uma das argolas metálicas que ligam o balão de subida e a garrafa ao cabo está ligeiramente torta, ele se dá ao trabalho de endireitá-la. Em seguida, pega um dos pequenos frascos cheios de álcool nos quais está inscrita a profundidade de 105 metros. Ele o guarda no traje de mergulho. Os gestos são lentos, perfeitamente descontraídos. Ele gira a válvula da garrafa do balão que, docilmente, infla com um chiado. Mais alguns segundos para olhar em torno e ele está subindo, inicialmente de modo lento, logo acelerando.

Aos 50 metros, Jacques se sente tão bem que decide soltar a alça do balão ascensor, e continua a subir usando as mãos, totalmente relaxado, içando-se pelo cabo. De tempos em tempos, ele olha para o alto, onde a luz é cada vez mais clara e acolhedora. Seus movimentos são amplos e sincronizados. A 35 metros, ele faz uma pequena parada a fim de apertar a mão de um de seus mergulhadores, Giuseppe Alessi...
Outro aperto de mão aos 15 metros, com outro mergulhador, e nova parada de alguns segundos, 1 metro abaixo da superfície, para pegar o frasco-testemunha. Três minutos e quinze segundos após a imersão, ele chega à superfície e, quase imediatamente, mergulha novamente a 20 metros, a fim de apertar as mãos de Guglielmi e Araldi, que estacionaram nessa profundidade para iniciar a descompressão. Depois ele volta ao barco e, com muita naturalidade, ajuda os marinheiros a içarem o cabo do aparelho de descida e seu peso de 50 quilos. Não há nenhuma fadiga aparente em seu rosto.[36]

Champagne. O mais marcante em todo o relato desse mergulho recorde é menos o ato em si que a facilidade com que Mayol o realiza, como se tivesse todo o tempo do mundo, sem pressa de retornar à superfície, querendo prolongar ao máximo a imersão e retornar à água assim que possível. É menos a facilidade de um atleta que a naturalidade de um sonhador. Mayol, sob a água, está em seu elemento. Em A *água e os sonhos*, Bachelard, que também associa água e amor, analisa com detalhes o onirismo aquático. A promessa da água é a de que a vida deve fluir como um sonho. Se comparamos o universo imaginário de Jacques Mayol ao de seus rivais, Robert Croft e Enzo Maiorca, constatamos diferenças radicais. O americano Robert Croft, instrutor militar da Marinha, encarregado de ensinar aos recrutas como sair de um submarino com problemas no fundo do mar, desenvolveu suas competências em apneia no contexto de suas funções. O treinamento ocorre em um tanque de 36 metros de profundidade em Groton, Connecticut, longe do mar. O italiano Enzo Maiorca tem uma abordagem ao mesmo tempo atlética e humana, que parece fundada no conhecimento de si e na percepção de seus limites: "No mergulho livre, você acaba compreendendo sua dimensão exata, como se estivesse cortando seu próprio traje sob medida. Quando está no azul, o mergulhador em apneia vê a si mesmo no insondável, onde pode, se quiser, fazer uma verdadeira radiografia de seu corpo e sua alma." O francês Jacques Mayol aparentemente é o único a ter um verdadeiro devaneio elementar, em que se trata menos de permanecer humano em um ambiente estranho que de se fundir a esse ambiente para se tornar golfinho. *Homo delphinus* é o título do livro cujo conteúdo ele compilou durante longos anos, e que resume a via que parece destinada a ele: "a busca do reflexo da imersão no homem. Estou intimamente convencido de que possuímos esse reflexo desde nossa origem, e que deve ser possível fazê-lo ressurgir, mesmo que somente parcialmente, de nossa memória genética, em harmonia total com a natureza, excluindo todo procedimento artificial."

Onde Robert Croft busca imaginariamente escapar de um submarino com a maior reserva de ar possível, e considera a respiração segundo o modelo dos recursos militares, onde Enzo Maiorca utiliza todos os meios para fortalecer sua vontade de não respirar segundo o modelo da realização atlética, Jacques Mayol busca o relaxamento e a naturalidade segundo o modelo dos golfinhos. Sonho de dificuldade vencida contra sonho de facilidade, sonho de sobrevivência ou desempenho humano contra sonho de tornar-se animal. Quem tem razão? Quem está errado? Não é essa a questão. Não se trata de julgar o valor do imaginário segundo seus resultados mensuráveis nem de reduzir o sonho ao papel de valete do desempenho esportivo, mas de perceber a que ponto o devaneio elementar pode facilitar o esforço e, sobretudo, dar ao conjunto da vida uma fluidez onírica. Quem se imagina golfinho será feliz como um peixe — ou melhor, como um cetáceo — na água. "O homem", afirmou Jaques Mayol, "jamais morrerá enquanto for capaz de sonhar. E o sonho do *Homo delphinus* viverá enquanto o homem proteger o mar."

Para Mayol, são os golfinhos; para Hélène Grimaud, são os lobos. Dois anos após a crise de melancolia durante o festival de La Roque-d'Anthéron, auge de um período depressivo ao longo do qual ela perdera a alegria de tocar e de viver, ela teve um encontro improvável, extraordinário, com uma loba canadense chamada Alawa. Ao tocá-la, ela relata: "senti uma faísca fulgurante, um choque em todo o corpo, um contato único que se irradiou por meu braço e meu ombro, e me encheu de doçura. Somente doçura? Sim, no que ela tem de mais imperioso e que fez surgir em mim um canto misterioso, o apelo de uma força desconhecida e primordial. Dotada de uma pelagem estranha, muito comprida, ela tinha olhos de um amarelo intenso e, com ela, senti-me feliz, inteira, absurdamente jovem e forte."[37] Estamos em 1991, em Tallahassee, na Flórida, e nada jamais será como antes. Grimaud se apaixona pelos lobos, quer saber tudo a respeito deles e abre um centro de proteção no qual os acolhe e os estuda. Graças a eles, ela se reconcilia com a intuição e reencontra uma forma de imediatismo que havia perdido ao se lançar na análise *ad libitum* das obras, em vez de interpretá-las. Alguns anos mais tarde, ela se torna um ícone, a pianista dos lobos, mas isso pouco importa: ela sabe que eles são mais que um acessório de sua glória. Ela conhece o elo instintivo que os une. Até o dia em que, convidada para ir até Boulder, no Colorado, para participar da gravação de um filme com lobos que não conhece, ela é gravemente mordida. Grimaud confessa:

Jamais imaginei um acidente, certa de ser invencível, de ter esse contato natural e imediato que se iniciara em meu encontro com Alawa e persistira com outros lobos. Na verdade, reconsiderei profundamente minha relação com o animal. Compreendi, não sem dor, não sem certa renúncia, que aquilo que ocorrera até Boulder, aquela simbiose perfeita, minha própria animalidade em harmonia com a dos lobos, era perfeitamente anormal, no sentido de ser fora da norma. Minha inconsciência, aquele sentimento perfeito de invencibilidade e, às vezes, até mesmo de imortalidade, que era minha essência, dera a meus gestos uma segurança que, no mundo animal, pertence somente aos dominantes. Mas eu não era uma loba, somente uma mulher e, o restante, todo o restante, era privilégio. Será que eu conseguiria restabelecer aquela *inocência* perdida?

Compreendi que estava fazendo a pergunta errada. A grande ideia falsa era acreditar que, se eu os amo, eles me amam também. O episódio em Boulder me ensinou uma regra de conduta que, desde então, emprego ao entrar nos cercados. Mantenho sempre em mente os termos do lobo, seu ritmo, sua visão, e não os meus [...]. Aprendi a permanecer vigilante, a estar intensamente, com todas as minhas fibras, todos os meus neurônios, na relação do momento, como se ela pudesse me fugir a qualquer instante. E o que vale para os lobos vale para a música.[38]

O lobo, que era vivido por Grimaud como sonho, tornou-se realidade. Mas, ao acordar para essa realidade dolorosamente nova, ao perder sua inocência, ela ganhou em presença no mundo e em intensidade. O chamado do lobo a fizera sair da tristeza ao lhe oferecer um sonho, e a mordida a fez sair do sonho para lhe oferecer a realidade. Hélène Grimaud compreendeu toda a magnitude dessa lição particular ao aplicá-la à música, pela qual havia perdido o interesse. Isso ocorreu em Côme, após uma longa e lenta caminhada.

Eu me sentei no tamborete e coloquei as mãos no teclado. E voltei a ser o que deixara de ser durante muito tempo. Eu estava sozinha ao instrumento, sem nenhuma pressão, sem nada em jogo além do prazer de tocar. Tinha, finalmente, a possibilidade de entrar em contato com as obras sem nada a fazer além de reinventá-las. Para mim. Somente para mim. Para meu prazer. Para reencontrar o ímpeto, a vida, a alegria. Então toquei. Toquei sem objetivo, sem angústia, sem tristeza. Tudo isso evaporara. Toquei por horas e horas. E, ao fim dessas horas, vi a luz.

Fim da distância perpétua entre a alma e seu envoltório, fim do desacordo com o mundo, fim da ruminação. Os lobos deram a ela o prazer de tocar sem motivo, o puro prazer de tocar sem objetivo, ao obrigá-la a se inscrever na realidade. Foi uma lição difícil para uma sonhadora impenitente, perdida em suas leituras, suas partituras e a certeza de ser loba. "Hoje sorrio porque estou em outro lugar. Estou no espaço.

Eu o ocupo. Eu habito o intervalo entre os lobos, a música e a escrita. E é aí que sou melhor." Deslizar no intervalo, passar entre, se inserir: não existe definição melhor de tocar. E se é possível tocar, a vida pode circular novamente. Mas Grimaud não renunciou a seus sonhos, ela simplesmente aprendeu a prestar intensa atenção à realidade.

Embora Hélène Grimaud, para falar como Deleuze, tenha sido pega em um tornar-se-lobo que salvou sua vida ao restaurar possibilidades de metamorfose, ela já não se toma por loba. Ela conhece a fronteira que a separa do mundo selvagem e não confunde seus devaneios com a realidade. Mesmo Jacques Mayol, que foi muito mais longe em seu tornar-se-golfinho — talvez longe demais —, sabia que era, no máximo, um humano anfíbio, e que o retorno total a uma existência aquática não era possível. Outros não tiveram essa sorte ou essa sabedoria. No documentário *O homem urso*, Werner Herzog nos apresenta Timothy Treadwell, que sonhava em se tornar urso e passava todos os verões em meio aos ursos-pardos de uma região selvagem do Alasca. Ele se dizia pronto a morrer por eles e foi exatamente o que acabou fazendo, devorado por um urso que, em sua defesa, não o conhecia. A força dos sonhos é sempre ambivalente. A força que inspira também pode destruir. Podemos ser feridos pelo sonho que nos atravessa, se ele for grande demais. Além disso, o que pensar de Treadwell? Ele morreu em função de seu sonho, mas viveu antes de morrer. Durante treze anos. Não foi em vão. Mas, analisando mais de perto, não seria o californiano amante de bodyboard um surfista de ursos, em vez de irmão deles? Ele não amava tanto o risco quanto os próprios animais? E, vivendo em seu território, ele, que acreditava os estar protegendo, não demonstrou, ao contrário, falta de respeito por eles? Ao cruzar uma fronteira respeitada por homens e ursos durante 7 mil anos, ele não sabia que teria de pagar um preço?

Philippe Petit contou um encontro engraçado que teve quando estava sobre seu fio a mais de 400 metros do solo entre as torres do Trade Center, equilibrado como um pássaro. Um encontro justamente com um pássaro, e não muito amigável. Provavelmente intrigado com essa invasão de seu espaço, a ave causou uma impressão suficientemente forte no funambulista para convencê-lo a obedecer às injunções da polícia nova-iorquina e retornar ao mundo dos homens. Philippe Petit não confunde o sonho do funambulista e o sonho do pássaro. O tornar-se-pássaro que ele experimenta nada tem a ver com uma ilusão de metamorfose animal.

Philippe Petit encarna perfeitamente o equilíbrio entre sonho e realidade que separa a loucura inconsciente de sua exploração controlada. Sua preparação é inimaginavelmente exigente. Por exemplo, ele treina "ficando equilibrado sobre um pé só até que a dor seja insuportável, e, então, prolongar o sofrimento por mais um minuto antes de mudar de pé".[39] Por que suportar o insuportável se nada o força a isso? A resposta está na pergunta: porque nada nem ninguém o força. "Penso que o chicote é necessário, desde que seja o aluno a portá-lo, e não o professor." E especifica: "A glória de sofrer não me interessa."

Seu sofrimento se inscreve no fio de realização de um sonho. Ele não busca a dor por ela mesma, pois não é masoquista, mas a aceita pelo que é: a indicação de que seu corpo chegou a um limite. E quem quer ultrapassar um limite precisa saber exatamente onde ele se situa. Na opinião de Yannick Noah: "A dor é o barômetro do atleta. O atleta adora reconhecer sinais de seu progresso." Se a dor pode ser deliciosa, é unicamente nisso. Ela dá provas de que alguém está se superando. Esse alargamento do ser é uma alegria. O objetivo aqui é inscrever o equilíbrio no corpo. "Quando a posição de cada pé se torna natural, as pernas adquirem independência e temos um gesto nobre e confiante." A pele sofre, mas entende por quê. Mudar de pele tem um preço. "Mas prometo que, quando seus pés deslizarem por si mesmos para uma posição de repouso sobre o cabo, você se surpreenderá sorrindo, tomado de grande lassidão. Veja: há na planta do pé aquilo que meu amigo Fouad chama de linha do riso. Ela corresponde à marca do fio." O objetivo de todos esses esforços é fazer o esforço desaparecer. O esforço é útil, inevitável, necessário. Mas ele deve ser orientado, limitado, refletido, perito. E tem por objetivo seu desaparecimento. O esforço é somente um andaime, um meio-termo entre o equilíbrio e o repouso. No fim das contas, o funambulista deve ser somente prazer e facilidade. E, àqueles que dizem que isso é impossível, Philippe Petit responde: "Os limites só existem na alma dos desprovidos de sonhos."

Além disso, se o funambulista sofre, não é jamais porque ele força. Mesmo quando o fio estremece e ele tem "o desejo de lhe impor calma usando força, é com suavidade que ele deve se mover, sem contrariar o canto do cabo". Prestar atenção ao canto do cabo para deslizar por sua música suaviza o sofrimento. O sonho não somente dá sentido ao esforço, como também possui virtudes analgésicas. Quando perseguimos um sonho, já não vemos a dor da mesma maneira. Petit considera o treinamento menos uma prova e mais uma caçada, uma conquista: "Você não pode cair. Durante um desequilíbrio, resista por muito tempo antes de se voltar para o chão e depois saltar. Não se deve fazer um esforço para se manter em pé, mas para ganhar terreno. Conquistar!" Não caímos, saltamos. Do mesmo modo, a fadiga não tem lugar quando corremos atrás de nossos sonhos: "Antes de colocar os pés no chão, um limite deve ser atingido, por mínimo que seja; colocamos em jogo o título de funambulistas para vencer, e assim deixamos o fio de um salto, e não preguiçosamente." Assim, há um prazer no esforço. Longe de ser somente uma etapa na direção da sonhada facilidade final, ele se torna, se não fácil, ao menos feliz. Philippe Petit, como Montaigne, poderia dizer: "Aquele que só obtém prazer no prazer, que só ganha ao ter o maior número de pontos e que só ama a caçada quando alcança a caça não pertence a nossa escola." O prazer, longe de se reduzir ao momento final da obtenção, se estende por toda a caçada e coincide com ela. A busca da felicidade já é felicidade. Um sonho digno desse nome se realiza enquanto é sonhado. E, se Philippe Petit é capaz de caminhar sem tremer, não sobre "uma viga tão larga que caminhar sobre ela é como dar um passeio" nem sobre "uma prancha mais larga que o necessário", mas sobre um simples fio estendido entre as torres de Notre-Dame, se ele parece refutar ao mesmo tempo Montaigne e Pascal, não é por causa de um novo tipo de sabedoria filosófica, mais forte que a imaginação da vertigem, mas em razão de uma imaginação ainda mais forte, um devaneio ainda maior. O sonho do funambulista é mais poderoso, mais vasto e mais eufórico que a vertigem. Philippe Petit jamais teve de lutar em vão contra o medo de cair. Ele simplesmente não existe para ele, pois não tem tempo nem ocasião de se formar. Não é a razão, mas a imaginação que triunfa sobre a imaginação: o sonho apaga o pesadelo, sem esforço, assumindo tranquilamente seu lugar.

Yannick Noah fala de algo parecido: "Não creio no esforço pelo esforço, mas na realização de sonhos." Jogamos melhor quando sabemos por quem ou por que, quando o esforço faz sentido. "No mínimo, obtive o título de campeão francês com facilidade por uma boa razão: havia, nas arquibancadas de Languedoc, uma menina com o olhar triste que me fascinou. Naquele dia, joguei muito melhor que de hábito."[40] Os cavaleiros podiam contar com o amor cortês para lhes dar asas no combate. O único francês a ter vencido, até hoje, o torneio de Grand Chelem só o venceu uma vez. Ele sabe que poderia ter se saído melhor, mas, na época, ninguém sabia lhe dizer como proceder. Onde ele errou? Ele acabou compreendendo sozinho e tarde demais. Quando chegamos ao topo, o problema é encontrar um novo sonho. Algo a conquistar. Uma aventura, algo além de um título a mais. "Se eu tivesse em mente a metáfora de Dan Millman que descreve a carreira como a difícil escalada de uma alta montanha, se tivesse tido a ideia de partir com um pergaminho como os garimpeiros de ouro, é certo que teria realizado mais coisas importantes."[41] Você leu direito. O que faltou a ele não foi treinamento ou talento, mas uma metáfora que fizesse renascer seu desejo e justificar seus esforços. Se alguém lhe tivesse dito que vencer em Roland-Garros era somente uma etapa, e não o topo, que uma escalada difícil ainda o esperava, sua vida, paradoxalmente, teria sido facilitada. Yannick Noah tinha fome de imagens. Ele precisava de alguém que alimentasse sua imaginação, não de alguém que açoitasse sua vontade. Como treinador, ele entende bem essa necessidade e se esforça para nutrir o espírito dos jogadores com imagens ricas e inspiradoras. Milagres podem ser alcançados não tanto pelo sonho da vitória, mas graças aos devaneios e à imaginação bem conduzida. Imaginar-se como garimpeiro quando se joga tênis pode parecer descontextualizado, mas o garimpeiro está buscando algo, nada pode desencorajá-lo, ele está disposto a se esforçar tanto quanto necessário para chegar ao veio de ouro. O ouro, como entre os alquimistas, é fruto do esforço. O ouro, olímpico ou físico, é sempre um devaneio que supõe o profundo esforço de extrair da terra. De um lado a montanha, como devaneio aéreo e ascensional; do outro, o ouro, como devaneio da terra e das profundezas. É sempre benéfico, disse Bachelard, oferecer imagens a um coração empobrecido. A imaginação domina a vida sentimental. Na equipe francesa da Copa Davis, Yannick Noah é o artesão de uma verdadeira revolução copérnica entre felicidade e desempenho. Contra uma longa e difundida tradição que condiciona a felicidade ao desempenho, ele adotou o caminho inverso, que consiste em partir da felicidade e do bem-estar para possibilitar o desempenho. O desempenho já não é um objetivo, mas uma consequência indireta da felicidade. Chegamos ao objetivo sem visar a ele. O sonho já não é simplesmente um horizonte, mas um estado que buscamos a fim de jogar "como em um sonho".

Nem todo mundo, dirá você, pode ser campeão de tênis ou de mergulho livre, funambulista ou pianista. E é aqui que quero encerrar este livro, confortavelmente instalado em uma poltrona com Gaston Bachelard, o filósofo do devaneio e da imaginação feliz. Pois todo mundo, explicou ele, pode ser campeão em sua imaginação. Nada se opõe a isso. Não há competição, nem adversários, nem obstáculos.

Não é preciso mergulhar a 100 metros de profundidade para ser feliz, basta mergulhar no imaginário. Quem imagina bem, vive bem e se prepara para querer. Atenção: a imaginação não é um sonho como compensação ou evasão, mas uma realidade dinamizante. As imagens são verdadeiros aceleradores da psique, dão energia, inflamam a mente. Quando vemos as imagens com sinceridade, nós as sentimos, as experimentamos. E podemos fazer isso deitados na cama, caminhando, no trem, no avião, onde quisermos. O melhor para imaginar bem, evidentemente, é não ter nada a fazer. Essa ginástica da imaginação, que consiste em imaginar um esforço de maneira lírica, permite, diz Bachelard com humor, "tonificar todo o ser, sem incorrer na parcialidade muscular dos exercícios usuais", pois o esforço imaginário é tudo, menos muscular! Não é ao forçar fisicamente que dinamizamos profundamente nosso ser. A ginástica usual permanece superficial. Não é ao treinar mais em campo que o esportista se condiciona melhor, mas ao encontrar boas imagens. Não é ao se forçar a tocar piano que Hélène Grimaud reencontrou a alegria da música, mas ao passar por um devaneio animal. "Não nos tornamos uma alma *ligeira* de um dia para o outro", preveniu Bachelard. "Se o prazer é natural e fácil, a facilidade precisa ser aprendida". Mas conhecemos o caminho. Ele não é nem escarpado, nem difícil. Ele está lá, diante de nós, ou melhor, em nós. Só precisamos imaginá-lo. Não foi se forçando a cozinhar carnes que Alain Passard salvou suas estrelas e sua vida como cozinheiro, mas recuando, cessando suas atividades e renovando seu imaginário em contato com a terra. Acredito, como Bachelard, que "as linhas imaginárias são as verdadeiras linhas da vida, as que se partem mais dificilmente. Imaginação e vontade são dois aspectos de uma mesma força profunda. Aquele que sabe imaginar sabe querer."[42]

Eu me lembro, quando criança, de ter sonhado com o Tour de France antes de aprender a andar de bicicleta. Eu observava Bernard Hinault pedalando na televisão. Depois o imitava no pátio. Com o ângulo certo, vendo somente minha sombra projetada, eu já não via as rodinhas. Em breve, de tanto imaginar, encontrei coragem para pedalar sem elas. Eu caí um pouco no começo, mas o prazer era maior que a dor. Eu não estremecia mais de medo, mas de alegria. Eu sabia andar de bicicleta! Um instante antes, eu não sabia. Um instante depois, já sabia. Porque,

Fácil

de certa maneira, eu já sabia, havia aprendido sonhando. O devaneio, longe de me afastar de meu objetivo, me permitira chegar a ele. Eureca! Todo corpo mergulhado na imaginação recebe um empurrão que chamamos de esperança.

Para uma obra um pouco clara, um pouco longa, sem dúvida é preciso pensar antes de agir, mas é preciso também sonhar muito antes de se interessar pelo pensar. Desse modo, as mais fecundas decisões se ligam aos sonhos noturnos. À noite, nós retornamos à pátria do repouso confiante, vivemos a confiança, o sono. Aquele que dorme mal não pode confiar em si mesmo. De fato, o sono, que tomamos por uma interrupção da consciência, nos liga a nós mesmos. Desse modo, o sonho normal, o sonho verdadeiro, frequentemente é o prelúdio, e não a sequência, de nossa vida ativa.[43]

Não é somente a noite que traz conselhos, mas também os sonhos. Sonhar bem nos prepara para querer bem.

E essa observação se estende a nossos sonhos despertos, aos devaneios que nos trabalham e dão sentido a nossas vidas. Enquanto Roustang demonstra que um gesto pode ser o bastante para desbloquear uma psique, Bachelard vai mais longe e considera suficiente *imaginar* um gesto, não somente para desbloquear um ser, mas para colocá-lo em marcha. Essa estratégia foi inventada por seu amigo, o doutor Robert Desoille, e consiste em um método de psicossíntese, de criação fulgurante de uma nova alma, em oposição à longa e sofrida psicanálise, e é apresentado por Bachelard em *O ar e os sonhos* e mais completamente em *A terra e os devaneios da vontade*. Darei aqui somente dois exemplos breves, impactantes por sua aparente facilidade.

Quem quer se desfazer de suas preocupações pode se imaginar varrendo-as. "Mas não permaneça somente no império das palavras", especifica Bachelard:

Viva os gestos, veja as imagens, prossiga na via da imagem. É preciso, portanto, dar à imaginação "a condução da vassoura". O que você tem a varrer? Preocupações ou escrúpulos? Nos dois casos, você não fará o mesmo gesto de varredura. De um a outro, você sentirá a dialética da minúcia e da decisão. [Caso se trate de uma tristeza amorosa], trabalhe com um gesto lento, tome consciência do fim do sonho. Em breve, você poderá respirar fundo, com a tarefa encerrada, a alma concentrada, tranquila, um pouco clara, um pouco vazia, um pouco livre. Essa minúscula psicanálise pictórica delega às imagens a tarefa do terrível psicanalista. Se "cada um varrer seu espaço", já não teremos necessidade de uma ajuda indiscreta. As imagens anônimas têm aqui a tarefa de nos curar de nossas imagens pessoais. A imagem cura a imagem, o devaneio cura a lembrança!

Mas atenção: Bachelard previne que, para não ser uma farsa vã, o gesto não pode ser fingido, devendo ser imaginado sinceramente, vivido de maneira imediata. Varrer as preocupações só funciona para os que tentam sem distância nem ironia.

Passemos agora a um exercício de ascensão imaginária. Imagine que você está caminhando tranquilamente por um aclive suave. Olhe para os cimos, as árvores, os pássaros. Abandone-se ao ritmo da caminhada. "O convite à viagem aérea, se tem, como convém, a sensação de subida, é sempre solidário à impressão de uma ligeira ascensão." "Não precisamos de asas para voar", confirmou Philippe Petit. "Aqueles que não têm asas podem voar olhando para cima." Se você acha que já não consegue subir, que está preso, tente fazer uma rotação imaginária, dê uma volta em torno de si mesmo. Em seguida, retome a ascensão até sair progressivamente do chão. Uma ascensão imaginária bem-sucedida deve se traduzir em voo, que permitirá que você experimente todos os benefícios da vida aérea imaginária: "As pesadas preocupações são esquecidas, ou melhor, substituídas por uma espécie de estado esperançoso." Após cada exercício de voo imaginário, é preciso realizar uma descida que deve, "sem problemas, sem vertigem, sem drama, sem queda, devolver o sonhador à terra. Essa aterrissagem deve colocar o ser voador em um plano um pouco mais elevado que o da partida, de modo que ele guarde, durante muito tempo, a impressão de que não 'desceu', que continua a viver, na vida comum, nas alturas do voo."

Esses dois exercícios parecem fáceis e, por isso, só convencerão aqueles que realmente tentarem. Imaginar bem, conduzir bem seu devaneio, é uma arte refinada dia após dia, noite após noite. Atenção: "Não imagine o que quiser. Não se trata de imaginar qualquer coisa. Não podemos ser felizes com uma imaginação dividida. Um princípio de calma deve coroar todas as paixões, mesmo as paixões da força." Você quer se acalmar? Bachelard oferece uma receita infalível em *A poética do devaneio*: "Respire suavemente diante da chama ligeira que faz silenciosamente seu trabalho de luz." Se não tiver uma vela, respire fechando os olhos diante de uma chama imaginária. Em resumo, sejam devaneios do fogo, do ar, da água ou da terra, você entendeu: a imaginação não deve ser sofrida, mas escolhida, harmoniosa, una. Essa é a condição para a facilidade já não ser simplesmente sonhada, mas vivida.

Você sabe o que precisa fazer.

Para terminar

O horizonte não é um ponto, mas um continente.
Philippe Petit

Comecei este livro em Paris, continuei em Draguignan, mas escrevi principalmente na Grécia, em Naxos, Siro, Tinos e Atenas. O espetáculo permanente do mar, a frequência assídua de suas profundezas, a doçura do ar quente refrescado pelo vento, o passeio romântico por suas colinas, a hospitalidade de amigos e desconhecidos, o exemplo das vinhas e das figueiras que, sem precisarem ser regadas, fornecem frutos deliciosos, todos ao alcance da mão, permitiram que eu trabalhasse mais facilmente que em Paris. A facilidade é também uma questão de circunstâncias. Este livro não se parece exatamente com aquele que eu sonhava escrever, é menos completo, menos perfeito, mas ele existe, e tentei aplicar, ao escrevê-lo, todos os preceitos nele reunidos, incluindo a renúncia ao perfeccionismo. Se algo da felicidade que acompanhou sua escrita passou para a leitura, terei atingido meu objetivo. Sem forçar demais, nem refletir sobre ele, nem visar a ele. Se você ganhou, de passagem, novas imagens, abordagens e ideias, tanto melhor. São somente sugestões. Trata-se apenas de um livro de aeroporto. Mas será que aquilo que lemos de soslaio, instalados confortavelmente em uma poltrona, vale menos do que aquilo que nos esforçamos para aprender em uma carteira na sala de aula? Espero tê-lo convencido do contrário.

François Roustang narra o seguinte acontecimento:

Um dia, um homem oprimido pela preocupação consigo mesmo, chegando ao ponto do desgosto por si mesmo, veio me ver para se livrar disso. Após alguns minutos de conversa, disse a ele que se levantasse e desse um passo. Sob o efeito dessa ordem que ele não discutiu nem ignorou, ele agiu sem pensar. Foi bruscamente liberado da preocupação de olhar para si mesmo e saber o que fazia. Seu rosto torturado relaxou e ele sentiu imenso alívio. Após ter aproveitado alguns minutos de uma tranquilidade que não conhecia havia muito tempo, ele julgou que essa mudança sem contestação não era possível, que era simples demais. Quando ele me falou de seu espanto, eu falei do meu. Ele não voltou a me ver e deve ter retornado a seus demônios. Minha única esperança era que ele não esquecesse o que experimentara. Provavelmente uma esperança vã. Ele experimentara a supressão da distância entre intenção e ação, mas isso lhe foi insuportável.[44]

Eu me lembro de, na turma preparatória de literatura, ter tido um momento de desencorajamento. Na verdade, vários. Por que passar a juventude estudando? A célebre frase de Paul Nizan — "Eu tinha 20 anos. Não permitiria que ninguém dissesse que era a idade mais bela da vida." — me acompanhava na monotonia parisiense. No internato do liceu Louis-le-Grand, eu me debruçava sobre os livros, as versões latinas, as dissertações. Recolhido a um quarto de exatamente 5,8 m² — segundo os cálculos de um vizinho matemático —, debruçado quatorze horas por dia sobre uma carteira ou uma tábua que fazia as vezes de escrivaninha, eu lamentava as horas passadas correndo ou pedalando nas praias de Hyères, nadando até a boia de 300 metros, jogando tênis, futebol, frisbee, fazendo um curso de windsurf, frequentando o clube de karatê, praticando pesca submarina com Richard, especialista em polvos e dourados que conheci no terceiro ano do ensino médio. Eu

Para terminar

sonhava com Albert Camus, goleiro mergulhando na terra quente de um campo em Argel antes de mergulhar a cabeça no Mediterrâneo, e encontrava por toda parte a sombra de Sartre, sentado no Café de Flore, perdido na fumaça dos conceitos e dos cigarros, hesitando entre o ser e o nada. O tempo do corpo feliz e atuante terminara. Paris era mente e fria abstração. Que pena! Eu já não tinha tempo para os esportes. Nem para o amor. Nem para escrever. Talvez um dia. Foi então que encontrei, na prateleira que fazia as vezes de caixa de correio, o panfleto de uma escola de karatê situada a dois passos do liceu, na rua Malebranche — não muito longe da rua Descartes —, e que, sob uma foto do mestre Funakoshi, fundador da disciplina, citava uma frase de Alain que me soou como ao mesmo tempo um comentário, uma evidência e uma promessa: "O segredo da ação é se jogar nela."

Assim, para terminar, à guisa de primeira experiência no caminho da facilidade, proponho que, assim que terminar de ler e fechar este livro, você se levante e dê um passo. Sem pensar. Sem hesitar. Agora.

Agradecimentos

a Elsa, por sua confiança e paciência
 a Honorine, por sua sagacidade e seu *international flair*
 a Maïté, por seu apoio e suas férias sacrificadas
 a Yann, pela leitura atenta
 a Gilles e Mathieu, pela leveza da capa
 a Anne, que acompanhou este livro com entusiasmo
 a Alexis, por me falar sobre François Roustang e Alexander Grothendieck
 a Christophe, por me apresentar *Le travail intellectuel*
 a André, por me fazer descobrir Deleuze enquanto jogávamos tênis
 a Hubert, por me fazer levar Alain a sério enquanto bebíamos no *L'écritoire*
 a Jean-Henri, por seu afeto indefectível
 a Jean, por ter me falado de sua amizade com Bachelard e me oferecido a sua
 a Vanessa, por ter passado no exame de conclusão de curso sem visar a ele
 a Gilles e Françoise, pelo prazer partilhado e pelo vinho retsina

Fácil

a Miltos e Irini, pela hospitalidade e pelo eclipse da Lua
a Yorgos, pelas uvas, pelos tomates e pelos figos do quintal em Naxos
a Michaelis, pela garoupa grelhada em Siro
a Aris, pela conversa sobre vinho em Tinos
a Alain Passard, pelo alegre Natal no *L'Arpège*
a meus pais, por seu amor
a meus filhos, por sua vitalidade
a Laura, por seu cuidado e todo restante.

Bibliografia

ALAIN. *Propos sur le bonheur*. Cahiers du capricorne, 1925.

_____. *Propos sur l'éducation*. 1932 / PUF, 1961.

_____. *Minerve ou de la sagesse*. Paul Hartmann, 1939.

BACHELARD, Gaston. *La psychanalyse du feu*. 1938 / Gallimard, 1949.

_____. *L'Eau et les rêves*. José Corti, 1942. [*A água e os sonhos*. São Paulo: Martins Fontes, 2018.]

_____. *L'Air et les songes*. José Corti, 1943. [*O ar e os sonhos*. São Paulo: Martins Fontes, 2001.]

_____. *La Terre et les rêveries de la volonté*. José Corti, 1948. [*A terra e os devaneios da vontade*. São Paulo: Martins Fontes, 2019.]

_____. *La Terre et les rêveries du repos*. José Corti, 1948.

BAILLET, Adrien. *La vie de M. Descartes*. Daniel Horthemels, 1691.

BLAIN, Christophe. *En cuisine avec Alain Passard*. Gallimard, 2015.

BOURDIN, Léo. *Le jour où Alain Passard a repris le goût de la viande*. Disponível em: <https://www.vice.com/fr/article/kbx7wn/le-jour-ou-alain-passard-a-repris-le-gout-de-la-viande>. Acesso em 15 dez. 2015.

BRUNET, Michel. *Rugby, enseignement et apprentissage, Une autre idée du French Flair*. Amphora, 2009.

DELAPORTE, Alix; MEUNIER, Stéphane. *Zidane, un destin d'exception*. Studio Canal, 2007.

DELEUZE, Gilles. *Pourparlers*. Éditions de minuit, 1990.

DEPARDIEU, Gérard. *Monstre*. Cherche-midi, 2017.

DESCARTES, René. *Le discours de la méthode*. 1637.

DROT, Jean-Marie. *Alberto Giacometti, un homme parmi les hommes*. Arte éditions, 2001.

EPSTEIN, David. *The Sports Gene*. Current, 2013.

GELB, David. *Alain Passard* (Temporada 1, ep. 1) In: *Chef's Table: França*. Netflix, 2016.

GLADWELL, Malcolm. *Outliers*. Back Bay Books, 2009.

GRIMAUD, Hélène. *Variations sauvages*. Robert Laffont, 2003.

_____. *Leçons particulières*. Robert Laffont, 2005.

GROTHENDIECK, Alexander. *Récoltes et semailles*. Inédito.

GUITTON, Jean. *Le travail intellectuel*. Éditions Montaigne, 1951.

HERZOG, Werner. *Grizzly Man* (Documentário). 2005.

Jean Lescure. *Un été avec Bachelard*. Luneau Ascot, 1983.

MAIGNE, Jacques. "Au bout de la terre, les Français marquent un essai du bout du monde". *Libération*, 29 de dezembro de 1994.

MAYOL, Pierre; MOUTON, Patrick. *Jacques Mayol, l'homme dauphin*. Arthaud, 2003.

MONTAIGNE, Michel de. *Essais*, 1580.

NOAH, Yannick. *Secrets, etc...*, J'ai lu, 1999.

PETIT, Philippe. *Traité du funambulisme*. Actes Sud, 1997.

_____. *To reach the clouds*. Pan Macmillan, 2002.

PRÉVOST, Jean. *La création chez Stendhal*, 1942 / Mercure de France, 1951.

RODIN, Auguste; GSELL, Paul. *L'art*. Grasset, 1911.

ROUSTANG, François. *Jamais contre, d'abord: La présence d'un corps*, que reúne três livros: *La fin de la plainte, Il suffit d'un geste* e *Savoir attendre*, Odile Jacob, 2015.

SAGAN, Françoise. *Je ne renie rien, Entretiens 1955-1992*. Stock, 2014.

SARTRE, Jean-Paul. *L'Être et le néant*. Gallimard, 1943. [*O ser e o nada*. Curitiba: Vozes, 2015.]

STENDHAL. *De l'amour*, 1822.

TRIOLET, Elsa. *Le Rendez-vous des étrangers*. Gallimard, 1956.

VAN EERSEL, Patrice. *Le cinquième rêve*. Grasset, 1996.

VIOLET, Bernard. *Yannick Noah, le guerrier pacifique*. Fayard, 2009.

WEIL Simone. *L'Enracinement*. Gallimard, 1949

_____. *Attente de Dieu*, 1942 / Fayard, 1966.

Notas

1. Continuar

1 DROT, Jean-Marie. *Alberto Giacometti, un homme parmi les hommes*. Arte éditions, 2001.
2 ALAIN. *Minerve ou de la sagesse*. Paul Hartmann, 1939.
3 PREVOST, Jean. *La création chez Stendhal*. Mercure de France, 1951.

2. Começar

4 PETIT, Philippe. *Traité du funambilisme*. Actes Sud, 1997.
5 PETIT, Philippe. *To reach the clouds*. Pan Macmillan, 2002.

3. A tentação das 10 mil horas

6 SAGAN, Françoise. *Je ne renie rien, Entretiens 1955-1992*. Stock, 2014.
7 "The Role of Deliberate Practice in the Acquisition of Expert Performance."

4. A experiência da graça

8 PETIT, Philippe. 1997. *op. cit.*
9 NOAH, Yannick. *Secrets etc...* J'ai lu, 1999.
10 DELAPORTE, Alix e MEUNIER, Stéphane. *Zidane, un destin d'exception.* Studio Canal, 2007.
11 NOAH, Yannick. *op. cit.*
12 SAGAN, Françoise. *Je ne renie rien, Entretiens 1955-1992.* Stock, 2014.
13 GRIMAUD, Hélène. *Variations sauvages.* Robert Laffont, 2003.
14 GRIMAUD, Hélène. *Leçons particulières.* Robert Laffont, 2005.

5. Encontrar a boa posição

15 RODIN, Auguste; GSELL, Paul. *L'art.* Grasset, 1911.
16 Biblioteca do Congresso, Fundo Bartlett.
17 RODIN, Auguste; GSELL, Paul. *op. cit.*

6. A arte de deslizar

18 VAN EERSEL, Patrice. *Le cinquième rêve.* Grasset, 1996.

7. Deixar de refletir

19 GRIMAUD Hélène. 2003. *op. cit.*
20 ROUSTANG, François. *Jamais contre, d'abord: La présence d'un corps.* Odile Jacob, 2015.
21 PETIT, Philippe. 1997. *op. cit.*
22 DEPARDIEU, Gérard. *Monstre.* Cherche-midi, 2017.
23 ROUSTANG, François. *op. cit.*
24 MAIGNE, Jacques. "Au bout de la terre, les Français marquent un essai du bout du monde". *Libération*, 29 de dezembro de 1994.
25 BRUNET, Michel. *Rugby, enseignement et apprentissage, Une autre idée du French Flair.* Amphora, 2009.
26 BAILLET, Adrien. *La vie de M. Descartes.* Daniel Horthemels, 1691.

8. Esperar sem expectativas

27 ALAIN. *Propos sur l'éducation*. PUF, 1961.

9. As leis secretas da atenção

28 WEIL, Simone. *L'Enracinement*. Gallimard, 1949.
29 ALAIN. 1939. *op. cit.*
30 SARTRE, Jean-Paul. *L'Être et le néant*. Gallimard, 1943. [*O ser e o nada*. Curitiba: Vozes, 2015.]
31 GRIMAUD, Hélène. 2003. *op. cit.*
32 *Idem.*
33 NOAH, Yannick. *Secrets etc... op. cit.*
34 ALAIN. 1939. *op. cit.*

10. A força dos sonhos

35 MAYOL, Pierre; Mouton, Patrick. *Jacques Mayol, l'homme dauphin*. Arthaud, 2003.
36 *Idem.*
37 GRIMAUD, Hélène. 2003. *op. cit.*
38 GRIMAUD, Hélène. 2005. *op. cit.*
39 PETIT, Philippe. 1997. *op. cit.*
40 VIOLET, Bernard. *Yannick Noah, le guerrier pacifique*. Fayard, 2009.
41 NOAH, Yannick. *op. cit.*
42 BACHELARD, Gaston. *L'Air et les songes*. José Corti, 1943. [*O ar e os sonhos*. São Paulo: Martins Fontes, 2018.]
43 BACHELARD, Gaston. *La Terre et les rêveries de la volonté*. José Corti, 1948. [*A terra e os devaneios da vontade*. São Paulo: Martins Fontes, 2019.]

Para terminar

44 ROUSTANG, François. *op. cit.*

Este livro foi composto na tipografia GoudyOlSt BT, em corpo 12/16, e impresso em papel off-white no Sistema Cameron da Divisão Gráfica da Distribuidora Record.